정위 스님의 가벼운 밥상

나래가 묻고 스님이 답한
스물여덟 달의 살림 선문답

정위 스님의
가벼운 밥상

정위 · 이나래 지음

b.read

추천 글

균형 잡힌 품격

어느 여름날 친한 선배 내외와 길상사에 들러 수박을 먹게 되었습니다. 정위 스님이 한입에 먹기 좋게 썰어주시는데 그 선배가 "스님이 써는 수박은 하나도 같은 모양이 없군요" 하고 경탄하는 것이었습니다. 그러고 보니 썰어놓은 수박은 크기나 각도가 다 다르면서도 백자 접시 위에서 예사롭지 않게 조화를 이루고 있었습니다.

우리네 일상의 삶이나, 일하는 직장이나, 내가 사는 나라나 품격(品格)을 갖추었으면 하는 바람이 있습니다. 품격이 있는 사람이나 대상을 보면 마음이 충만해지고 보는 자신이 자랑스러워집니다. 진정한 웰빙은 개인적으로나 사회적으로 품격을 갖고 사는 것을 의미할 것입니다. 정위 스님을 만나면 그러한 품격을 느낍니다. 그 품격이 어디에서 비롯되는지는 모르지만 작아도 초라하지 않고, 커도 성기지 않고, 자유로워도 헤프지 않고, 격식을 차려도 매여 있지 않습니다.

그런데 더욱 감동을 주는 것은 그 품격이 삶의 여러 분야에서 조화를 이루고 있다는 점입니다. 우리는 주위에서 공부는 많이 했지만 유행가 이상을 들어본 적이 없고, 신심(信心)은 깊지만 그림 앞에서 눈물을 흘린 경험이 없고, 천사 같은 마음을 지녔지만 맛과 멋이 같은 줄 모르는 사람을 종종 봅니다. 우리의 생각과 사는 집이 어울리고, 우리의 행동과 입은 옷이 어울리고, 우리의 말과 먹는 음식이 어울린다면 우리의 삶은 더 편안하고 아름다울 것입니다. 그런 균형에 격이 더해진다면 멋있는 사람, 멋진 삶이 되겠지요.

이 책에 담긴 여러 사진과 이야기는 정위 스님의 삶에서 늘 볼 수 있는 균형 잡힌 품격의 몇 가지 예입니다. 옛 단지에 꽂은 수국이나 매화꽃 뿌린 비빔밥이나, 해진 곳에 천 조각을 덧댄 누비옷은 복잡하게 궁리해서 만든 디자인의 산물이 아니고 내면의 품격과 외면의 안목이 만나면서 이루어진 조화입니다.

여러 해 전 경주 남석에 새긴 아기 부처님 조각전 포스터를 보고 물어물어 길상사를 찾아갔습니다. 이른 아침 마당을 쓸고 계신 정위 스님을 처음 만났을 때의 받았던 인상은 장독 뚜껑에 담은 배춧잎 부침개에서나, 차를 우려내면서 나누는 대화에서나, 오래된 가구를 귀히 다루는 손길에서도 한결같이 이어졌습니다. 삶의 구석구석이 모두 격을 갖추고 있기에 가능한 것이겠지요. 길상사에 오시면 이 책에서는 다루지 않은 더 큰 스케일의 균형 잡힌 품격을 볼 수 있습니다. 달 밝은 날 앞마당 벽면 전체에 도편으로 그린 불국(佛國)을 보고 있노라면, 의식주에서만이 아니라 신앙과 삶 전체에서도 균형 잡힌 품격이 가능하고 그것이 얼마나 소중한지 알게 될 것입니다. "내가 무얼 아나요", "내가 뭐 할 줄 아는 게 있나요"를 입에 달고 사시는 정위 스님의 균형 잡힌 품격은 상대방의 품격까지 끌어주는 힘이 있습니다. 이 책을 읽는 여러분도 저마다 삶에 그런 품격을 갖추게 되기를 기원합니다.

손맛만큼이나 맛깔스러운 글을 엮어내는 솜씨를 지닌 정위 스님이 책의 첫 장을 여시는 것이 합당한 일이지만, 거친 글이라도 쓰면 오는 봄 길상사 백모란 아래에서 동자상을 알현하는 안복을 누릴 수 있지 않을까 하는 부질없는 생각을 하면서 또 오랑캐 짓을 했습니다.

오수근 이화여자대학교 교수

저자의 글

어느 초겨울 김장 날, 맑게 생긴 사람이 찾아와 조용히 인사를 하기에 일이 많은 날인 데다 곰살궂은 위인이 못 되어 그저 눈인사만 하였습니다. 그러고는 돌아가더니 며칠을 두고 또 와서는 음식 칭찬을 합디다. 제 음식이 간만 맞추고 양념을 과하게 하지 않을 뿐인데 무엇을 내세우나 싶어 저어하니 자꾸 사람들이 그 맛을 몰라 안타깝다 하기에 매화꽃비빔밥을 쓱쓱 비벼 점심 공양을 했습니다. 요즘 같은 인스턴트 시대에 너무 밥을 안 해 먹는 것이 문제일까도 싶어 혹시 도움이 되면 좋은 일일 게라 생각했습니다. 사진도 찍고, 이것저것 묻고 가더니 다음 달에 또 찾아왔고, 그렇게 두 사람이 매달 오더니 어느새 두 해를 훌쩍 넘겼습니다. 그저 손 가는 대로 제 주관대로 한 것을 두고 어떻게 하는 음식인지, 꽃은 어떻게 이렇게 꽂는지, 액자는 왜 이렇게 거는지를 물어 참으로 남부끄럽고 난감했습니다.

매번 그 답을 못 해준 것이 걸려 어젯밤 곰곰이 생각해보았습니다. 기미년생 어머니는 아흔이 넘으셨을 때도 곱게 비녀를 지르고 물빛 치마, 흰 모시 저고리, 보라색 양산을 들고 대문을 나섰습니다. "한강 이남에 느그 엄마만큼 된장 잘 끓이는 사람이 없다" 했던 아버지의 말씀도 문득 떠오릅니다. 어려서 보고 자란 덕분인가 막연히 생각해봅니다.

이런 것도 있습니다. 말을 할 줄 모르는 사람이라 남의 말로 제 생각을 담아보자면, 제가 20여 년 전 길상수를 지을 때 책을 보다가 '검이불루 화이불치(儉而不陋 華而不侈)'라는 글귀를 읽은 적이 있습니다. '검소하지만 누추해 보이지 않고, 화려하지만 사치스럽지 않다'는 말뜻에 감화되어 저의 사고와 의식, 생활의 터가 그러하기를 바랍니다.

뒷동산의 죽단화가 자라 꽃 터널을 이루고, 앞마당의 아리땁고 수줍은 야생화가 피고지기를 거듭하며 이나래, 김성용 씨와 함께한 시간은 다시 새겨보아도 참으로 즐거웠습니다. 그 흔적을 책으로 엮어 낸 지도 어느새 10년이 흘렀습니다. 오래된 책을 어여삐 여기고 다시 찾는 이들이 많아 옛 책을 정리해 개정판을 만들었습니다. 모자람이 많을 터이나 너그러이 넘겨주소서. 어질지 못한 저를 항상 자비심으로 이해해주시는 주지 스님께도 늘 지녔던 감사의 인사를 드립니다. 더불어 저와 인연이 닿은 모든 분이 지혜와 복덕이 충만하고 괴로움에서 벗어나 즐거움이 가득하기를 경전의 글귀를 빌려 바라봅니다.

기해년 가을
尼 정위

목 차

추천글 균형 잡힌 품격
저자의 글

프롤로그 스님에게 살림을 배우다 10

봄
생긴 대로 살려 꽂는 자연주의 꽃꽂이 17
꽃향기 톡 터지는 매화꽃비빔밥 23
돌밭에서 옥토가 된 텃밭 31
앞마당에서 빚어 먹는 주먹밥 37
요즘 세상에 기워 쓰는 이야기 42
더없이 맑은 표고국수, 커피국수 45
모빌 같은 연등 51
씹는 맛이 다채로운 영양카레 55

여름
물건 아래 깔거나 액자로 쓰는 꽃 상보 62
감자보리밥에 빡빡 강된장 67
커피 내리는 스님, 문화 카페 지대방을 열다 71
더치 커피로 만드는 커피빙설 77
콩알만 한 물건의 쓸모를 찾아주다 80
입맛 없는 여름을 위한 장아찌 3종 85
두고 먹어도 좋은 여름 밑반찬 91
쨍하게 개운한 오이냉면, 열무냉면 97

가을

되는 대로 툭툭 내는 먹음직스러움 105
가을날 여는 포틀럭 바자 '도드리' 115
아이 살결처럼 뽀얀 땅콩죽 121
무심히 두고 세심히 살피는 돌 이야기 127
싸 먹을 수 있는 이것저것으로, 쌈밥 131
요즘 메뉴, 스님 마음대로 창조하다 137
생활에서 꽃피는 스님의 컬러 감각 150
곱디고운 묵채와 묵전 154

겨울

꽃 시장 다녀오는 낭만적인 겨울 채비 163
겨울 밥상에 내는 비타민 반찬 169
정위 스님식 생활 풍류, 그림 있는 접시 181
매생이새알심애피타이저 185
뭐든 가여워 되살려 쓸 궁리를 하다 189
채소 듬뿍 먹는 25년 내공의 채소떡국 193
등줄기에서 땀이 쭉 흐르는 차이라테 200
마음이 반하는 선물 205

에필로그 정위 스님의 대접하는 마음 208

Index 210

프롤로그

스님에게 살림을 배우다

일로 만난 취재원이 낙성대 근처 어느 절에 스님이 한 분 계신데 "참으로 멋을 아시는 분"이시라며 꼭 만나봐야 한다고 했다. 그러면서 기와 얹은 한옥이 아닌 현대식 3층 건물에 스님의 안목으로 매만져 만든 길상사 이야기를 거듭거듭 하였다. 인테리어 관련 일을 하는 분의 말이라 공간이 멋질 것은 같았고, 사각형 건물에 마련된 사찰은 어떤 모습인지 궁금하기도 했지만 절이라는 공간이 낯설어 대답만 하고 선뜻 움직이지 못했다.

몇 달 후 우연히 그의 아내를 만나게 되었는데, 스님이 만들어준 스파게티를 먹은 것이며 나물 고명 없은 떡국 그릇을 연거푸 비운 것, 다른 절 스님들이 오셨을 때 매생이에 새하얀 새알심을 올려 애피타이저로 낸 것, 와인 상에 크기와 모양이 다른 와인 잔을 올리고, 사발에 담아낸 커피 등의 이야기를 풀어놓았다. 공양간 음식이 정갈한 것이야 알고 있었지만 대표적 절 음식인 산채 말고 스파게티 등을 만든다는 것도 신기하고, 말만 들어도 그 솜씨가 가히 짐작이 가서 '스타일' 좋아하는 리빙지 기자는 점점 길상사에 가보고 싶어졌다. 스님이 취재에 응하겠다고 한 것도 아니고, 신도도 아닌 기자가 불쑥 가는 게 예의에 어긋나지는 않나 싶기도 했지만 "절에서는 오는 사람 안 막고 가는 사람 안 붙잡아요"라는 그 부인의 말에 애써 마음을 가볍게 먹으며 길상사를 찾아갔다.

관악구 인헌동, 낙성대 터널을 지나 산동네 꼭대기에 자리한 절. 도자기를 벽에 묻어 만든 우편함은 반가운 표정으로 주둥이를 방긋 벌린 통통한 물고기 모양이다. 나지막한 담과 앞마당 벽은 도자기 조각을 모자이크처럼 붙여 보리수나무와 부처님을 그려 넣었는데 스페인 건축가 가우디가 떠오르는, 국내에서는 낯선 모습이었다. 20년 가까이 리빙 담당 기자로 일하며 논현동, 을지로의 인테리어 도매상을 그렇게 드나들었건만, 거기서도 본 적이 없는 나뭇가지 모양 철문이며 물고기 문양을 군데군데 찍어 구운 흙 타일 등 곳곳에서 섬세함과 독창적 미감이 느껴졌다. 배가 불룩한 항아리에 한아름 꽂아둔 서정적인 설유화의 풍채, 물동이 위에 손으로 깎아 만든 투박하고 정겨운 나무 뚜껑이 덮여 있는 모습은 스님의 생활에서 배어나는 스타일과 지혜를 가히 짐작할 수 있었다. 겨울이니 오래 두고 볼 수 있는 가지를 꽂아두고, 자주 열고 닫는 물동이는 제 짝꿍인 항아리 뚜껑보다는 가볍고, 여닫을 때마다 쨍쨍 소리도 덜나는 나무 뚜껑이 제격이다.

방문한 날은 마침 길상사 김장 날이라 주인 손님 할 것 없이 다들 분주하여 감히 거들겠다는 말도 못 하고 스님께 인사만 하고 산 아래 비탈길을 종종거리며 내려왔다. 기자의 눈을 번쩍 뜨이게 한 감각을 눈치챈 이상 그대로 보고 둘 수 없어 며칠 후 섭외를 하려고 마음먹고 찾아갔다. 하지만 두 번째 방문도 실패했다. 내보일 것 없다는 대답이었다. 예의상 사양하는 것이 아니라 진심으로 부담스러워하는 눈빛이라 오히려 일을 그르칠까 우기지 못하고 돌아왔다. 측은지심을 자극하거나 회유, 설득도 통하지 않을 것 같은 느낌이었다. 게다가 편집부에서도 기자가 마르고 닳도록 찬사를 늘어놓으니 그런가 하면서도 '꼭 해'라기보다 스님에게 배우는 것이 사찰 음식이지 뭐 별다른 것 있겠냐며 크게 기대하지 않는 눈치였다.

기자가 스님에게 반한 진짜 이유는 잘 꾸며서, 음식이 너무 맛있어서라기보다는 생활 속에서 미감을 누리며 사는 라이프스타일 때문이었다. 푸드 스타일리스트나 인테리어 디자이너가 멋지게 꾸민 그림 같은 광경은 숱하게 봐왔고, 때로는 그 센스를 우리 집에 응용하기도 했지만, 스님의 살림은 꾸밈에 주안점을 둔 것이 아니라 아끼고 배려하며 생활에 충실한 가운데 멋이 묻어났다. 치장이 아닌 배어나오는 아름다움이라고 해야 할까. 가사 도우미를 부르면 당장 집 안이 깔끔하게 정돈되고, 전문가의 도움을 받으면 감각적인 공간이 될지 모르겠으나 혼자 쓸고 닦고, 내 어질러대는 아이를 키우며, 매끼 밥 해 먹으며 살아야 하는 보통 사람들의 살림은 정갈하고 멋지기보다 대충 살게 마련이다. 큰 살림을 건사하면서도 눈길이 머무는 면모를 갖추신 정위 스님, 이 사실을 눈치챈 기자는 저도 모르게 책임감을 느끼며 싫다는 스님을 줄기차게 찾아갔다.

며칠 후 다리를 놓아준 지인의 부인이 절에 간다기에 열일을 미루고 시간 맞춰 든든한 지원군 대동하고 또 뵈러 갔다. 이번에도 스님은 "우리가 늘 해 먹는 게 무슨 기삿

거리가 된다고… 아서요, 내세울 것이 아니에요" 하셨다. "스님, 이 꽃은 어떻게 꽂으신 거예요? 멋스러워요" 하면 "그런 거 없어요. 꽃 시장 갔다가 바닥에 이파리 하나 떨어져 있기에 주워다 접시에 물 붓고 그냥 얹은 거예요" 하고, "스님, 그 앞치마의 꽃 자수는 스님이 놓으셨어요?" 하면 "앞치마가 해져서 천을 덧댔는데 밋밋하기에 그냥 꽃 몇 개 수놓은 거지 아무것도 아니에요"라는 답이 돌아온다.

스님과 이야기를 나눌수록, 요모조모 들여다볼수록 로하스적 삶을 사는 헬렌 니어링이나 타샤 튜더가 따로 없었다. 스님은 세상에 자신의 일상을 내보이기가 부담스러운지 줄곧 고사했으나 기자는 요즘 사람들은 제철 재료의 맛도 모르고 양념만 그득 뿌려 음식을 해 먹으니 안타까워 조르는 것이라며, 스님 하시는 그대로 옆에서 보고 배워 가면 안 되겠냐고 제안했다. 스님이 하룻밤 생각해보겠다고 하셨고, 그리하여 천주교 신자인 기자는 스님 뒤를 졸졸 따라다니며 장독 뚜껑에 매화꽃 뿌려 비벼 먹는 비빔밥과 김치를 쫑쫑 썰어 넣어 전혀 느끼하지 않은 크림스파게티를 맛보고, 할머니 시절에만 하던 일인 줄 알았던 기워 쓰는 법을 새로 배우고, 커다란 화분에 무 심어 먹기, 미나리 다듬고 남은 뿌리 길러 먹기, 꺾인 꽃 버리지 않고 멋스럽게 꽂기 등 학교 다니고 일하느라 바빠 미처 못 배운 '토털 살림법'을 공부했다.

스님을 꼬드겨 꽃샘추위에 달달 떨며 맛본, 매화를 흩뿌려 비빈 향기로운 비빔밥을 맛본 지 벌써 10여 년이 되었다. 그리하여 머릿속에 든 것만 많던 기자이자 13년 차 주부는 해도 해도 끝이 없는 살림의 감칠맛을 은근히 알게 되었다. 고기 육수 없이도 떡국을 끓이고, 멸치가 똑 떨어졌을 때도 감자를 팍팍 긁어 넣고 구수한 된장찌개를 만들고, 굴 없이 끓인 맑디맑은 매생이국의 맛을 알게 되었다. 입맛이 철들어 밥상이 가벼워지니 몸과 마음이 한결 가뿐해져 날아갈 것 같다.

봄

"아서요", "별거 없어요" 하시던 스님은 매화 피는 때만 되면 "우리 매화, 우리 매화" 하며 자랑 말을 하신다. 앞마당에서 애지중지 키운 매화는 겨울이 오면 2층 욕실로 이사를 온다. 어느 해는 욕실에 두니 때 이르게 꽃을 피우는 것이 안타까워 앞마당에 작은 비닐하우스를 지어보기도 했는데, 넣고 빼다가 꽃가지가 상하는 바람에 이듬해에 다시 안으로 들어왔다. 매화를 욕실로 옮겨 오면 스님의 일이 하나 더 는다. 실내에 있으니 나비가 날아드는 일이 드물고, 창을 열어도 바람이 가소로워 아침저녁으로 고운 붓을 들고 '나비'가 되시는 것. 그렇게 정성스레 건사해 냉랭한 듯 달콤한 매화 향기와 매화 꽃비빔밥을 맛보는 호사, 그 귀히 여기는 꽃을 담뿍 넣어 지인들에게 만찬을 베푸는 마음 또한 큰 배움이다.

생긴 대로 살려 꽂는
자연주의 꽃꽂이

봄이 되어 찾아간 길상사는 안팎으로 꽃 잔치다. 기자가 스님께 취재를 허락해 달라고 조르러 왔던 때마다 "우리 매화, 우리 매화" 하며 건사하시던 길상사 매화가 드디어 꽃을 피웠다. 겨우내 애지중지 키워 각별하게 여겼던 매화다. 그간 살피지 못했는데 길상사 앞마당에 자그마한 비닐하우스가 있다. 딱 큰 화분 두 줄 들어갈 폭의 아담한 비닐 정원 속에서 분홍매, 야매, 청매, 동백이 겨울을 났다. 여느 겨울에는 욕실에 들여놓았는데 너무 따뜻했는지 일찍 꽃을 피웠다고 한다. 때를 못 맞추는 것이 나무에도 안 좋을 것 같아서 작년에 비닐하우스를 만들었다. 방문한 날은 마침 스님이 따순 봄바람이 좋아서 비닐하우스의 비닐을 걷어둔 덕에 기자는 꽃구경을 실컷 하였다. 앞줄의 분홍매는 우리가 많이 보던 것이고, 그 뒤의 '들 야(野)' 자가 붙은 야매는 매실 열매를 먹고 버린 씨앗이 싹이 터서 나무로 자란 것이라 하여 야매라고 이름을 붙였는데, 꽃과 열매는 여느 매화보다 작지만 꽃은 수술이 샛노라면서 향이 진하다. 청매는 백매의 꽃받침이 붉은색인 데 반해 받침이 녹색이라 수술도 푸르스름하니 맑아 보여 그렇게 부른다고 한다. 비닐하우스 속에 있던 작은 화분들은 벌써 봄볕을 쬐러 앞마당에 오종종하게 자리를 잡았다.
절 안으로 들어가니 벚꽃, 철쭉, 조팝나무 등 눈을 돌리는 곳마다 역시 생기가 가득이다. 부엌 창틀에 꽃이 그림 같이 꽂여 있기에 스님 따라 흉내를 내 보려고 물으니 꽃 시장 갔다가 바닥에 떨어진 조팝나무 이파리, 앞마당에 떨어진 동백꽃, 뒷산에서 이름 모를 풀을 주워다가 그저 이렇게 저렇게 둔 것이라고 한다.

나래 이 조팝나무는 수양버들처럼 늘어져 있네요. 어떻게 꽂으신 거예요?
스님 가지가 아래로 휘었기에 생긴 대로 그렇게 두었지요.
나래 스님, 저 벚꽃은 어떻게 꽂아야 누운 듯이 선을 살릴 수 있어요?
스님 모양 내려고 가지 자르지 않고, 가지에 맞춰 있던 장독, 꽃 단지 골라다가 꽂지요. 철쭉이니 벚꽃 같은 꽃 가지는 모양 내려고 자꾸 넣었다 뺐다 하면 꽃이 떨어져버려요.

오색이 고운 보자기 앞에 놓인 푸른 잎사귀의 자태도 멋지다. 스님은 잎에 붉은 테두리가 있기에 꽃병에 꽂고 붉은색이 들어간 조각보를 서랍에서 꺼내 벽에 걸어본 것이라고 한다. 테이블 위에는 목화도, 민들레 홀씨도 아닌 하늘하늘한 솜뭉치 같은 몽우리를 붙인 액자가 걸려 있었다. 스님께 무엇인지 물으니 할미꽃이란다. 할미꽃은 꽃이 지고 나면 할머니 머리처럼 하얀 실오라기가 생기는데 정위 스님은 이 실오라기들이 헤벌쭉하게 퍼져버리기 전에 커튼 봉에 거꾸로 걸어 말려 동그랗게 모양을 잡았단다. 그리고 집에 있던 편지함을 액자 삼아 꽃 가지의 구도를 잡아가며 그림처럼 꽂으셨다. 징위 스님의 드라이플라워 세계에 눈을 뜨고 나니 곳곳에 말린 꽃들이 보인다. 살펴보니 꽃만 있는 게 아니라 열매도 있고 이파리도 있다. 창턱에 빨간 열매 한 줌이 소담하게 모아져 있는데 마치 꼬마 아이가 공기놀이를 하다가 두고 간 듯 그 모양이 다정하다. 차망을 올려두는 채반에는 탱자나무와 오리목 말린 것이 자기들이 있을 자리인 양 가지런히 놓여 있다. 별거 아닌 듯한데 아기자기한 맛이 있고, 브라운 컬러가 톤을 맞춰 어우러지니 눈이 편안하다. 지대방에는 커다란 옥빛 그릇에 다홍빛 홍화가 가득하다. 마른 줄기는 잘라내고 꽃송이만 볼이나 확에 담아 장식한 것이다. 연잎을 말려 우산처럼 거꾸로 걸어둔

코너도 재밌다. 스님께 꽃을 고르거나 꽂을 때 특별히 신경 쓰는 부분이 있느냐고 물으니 고른다기보다는 앞서 말했듯 꽃 시장에 꽃 사러 갔다가 발에 채여 주워 오기도 하고, 앞마당에서 그냥 두면 꺾어질 가지, 바람에 떨어진 꽃을 주워다가 대강 어울릴 만한 자리를 찾아 두는 것이라고 말씀하신다. 다만 마른 것을 둘 때는 버석거려서 으스러지기 쉬우니 모서리에 걸어두는 편이라는 설명을 덧붙이신다. 기자가 자꾸 꽃꽂이법을 알려달라 하니 정위 스님은 가만있다가 입을 떼신다.
"이런 건 있습니다. 제가 새벽 달빛에 비친 고목을 좋아합니다. 그래서 벚꽃이며 철쭉 가지 꽂을 때 방바닥에 드리우는 그림자를 봐가며 꽃 단지 둘 곳을 정하지요."
스님의 꽃꽂이를 보면서 한 질문의 답은 전부 예상을 빗나갔다. 모양을 내려는 의도가 아니라 꽃을 괴롭히지 않고 생긴 대로 살리고 자연에 맞추는 것이 스님의 방식인 게다.

꽃향기 톡 터지는
매화꽃비빔밥

꽃에 반한 기자 일행에게 스님은 길상사에서 가장 큰 장독 뚜껑을 꺼내 꽃비빔밥을 대접해주셨다. 절에서는 음식을 남기면 안 되는데 밥때가 어중간한 오후라 어쩌나 싶었는데 매화꽃을 흩뿌려 비벼주신 비빔밥은 입 안에서 톡톡 터지는 매화 향기에 배부른 줄을 모르고 너나없이 대접을 싹싹 긁어 비웠다.

스님 마른 표고버섯은 2시간 정도 불려야 하니 미리 따뜻한 물에 담가두세요. 불면 꼭지를 따고 채 썰어요. 표고버섯 우린 물은 밥물로 쓰고, 2분의 1컵 정도는 남겼다가 버섯 볶을 때 넣어요.
나래 왜 우린 물을 넣어요?
스님 아깝잖아요. 버섯 볶을 때 국물을 넣으면 버섯이 촉촉해져서 먹기가 좋습니다. 표고버섯은 센 불에서 식용유 몇 방울만 넣고 살짝 볶다가 진간장 2큰술 넣어 간하고 버섯 우린 물을 부으면 됩니다. 후춧가루도 조금 넣어요.
나래 얼마나 볶아요?
스님 너무 바짝 볶으면 뻣뻣해집니다. 불을 끄고 참기름과 깨소금을 살짝 뿌려요.
나래 왜 불을 끄고 넣어요?
스님 참기름은 불을 끄고 넣어야 고소한 향이 덜 날아가요. 당근은 곱게 채를 썰어요.
나래 당근 채 써는 거 어려운데 꼭 곱게 썰어야 해요?
스님 당근은 단단해서 비빔밥에 굵게 썰어 넣으면 뻐덕뻐덕합니다. 잡채 할 때야 굵어도 괜찮지만 비빔밥에는 가늘어야 잘 비벼져요. 냄비에 채 썬 당근을 담고 포도씨유를 1작은술보다 적게 넣고 볶아요. 너무 많이 넣으면 개운하지 않지요. 볶다가 소금으로 간하고 후춧가루를 약간 뿌려요. 간은 모자란 듯하게 합니다.

나래 당근에 후춧가루를 뿌려요?

스님 내가 먹어보니 당근은 후춧가루를 넣어야 제맛이 나는 것 같아요. 순전히 내 생각입니다.(웃음) 당근은 살짝 숨이 죽을 만큼만 볶다가 불을 끄고, 마지막에 참기름과 깨소금을 넣어요. 오늘 시장에 가니 보통 취대신 울릉도 취가 있어 사 왔습니다. 울릉도 취는 억세서 더 삶아야 해요. 취는 씻지 말고 소금을 약간 넣고 뚜껑을 연 채 삶으세요.

나래 씻지 않고 삶는다고요?

스님 씻어 삶으면 나물 표면의 물기 때문에 잘 안 삶아져요. 줄기가 살짝 무르게 삶아야 해요. 삶은 후 찬물에 서너 번 헹구어 짜기를 반복하면 깨끗하게 닦입니다.

나래 그렇게나 꽉 짜요?

스님 찬물에 헹군 취는 꽉 짜야 나물에서 물맛이 나지 않아요. 물기를 짜 둥글게 뭉친 취 덩어리를 십자로 자르면 먹기 좋은 길이가 되지요. 취나물은 국간장으로 간을 하고, 참기름과 깨소금을 넣어 무쳐요. 취나물 역시 심심하게 무칩니다. 자, 먹어봐요. 새순이라 달콤쌉싸름하네.

나래 왜 진간장이 아닌 국간장을 넣어요?

스님 국간장은 조금만 넣어도 간이 되니 나물 색이 우중충해지지 않고 맛도 깔끔합니다. 새싹이며 돌나물 같은 생나물은 씻어서 소쿠리에 건져 물기를 거두어요. 돌나물은 취나물보다 양을 적게 잡아요.

나래 왜요?

스님 특유의 비린 맛이 있어 적게 넣습니다. 우리는 쥐눈이콩으로 콩나물을 길러 먹어요. 다른 콩보다 고소합니다. 콩나물은 냄비 밑바닥에 1~2센티미터 깊이로 물을 붓고 소금을 1작은술 정도 넣은 뒤 뚜껑을 닫아 증기로 찌듯이 삶으세요.

나래 중간에 뚜껑 열면 안 되잖아요. 몇 분간 삶아요?

스님 콩나물양과 불 세기에 따라 다르지요. 콩나물 익는 냄새가 나면 불을 끕니다. 너무 푹 삶지 말아요. 살캉살캉해야 씹는 맛이 있지요. 콩나물을 집

어 먹어보고 간이 모자라면 소금을 더 넣으면 됩니다. 이번에도 싱겁다 싶게 간을 하세요.

나래 스님, 왜 나물 간을 다 모자라게 해요?

스님 고추장으로 비벼 먹을 것이니 그랬지요. 콩나물도 불을 끄고 참기름과 깨소금을 넣고 버무리세요. 콩나물 삶은 물은 콩나물의 고소함이 다 우러나 있으니 버리지 마세요.

나래 이걸 어디에 써요?

스님 비빔밥에 함께 넣어 비빕니다. 국물이 있으면 밥도 더 잘 비벼집니다. 묵은 김치를 넣어도 칼칼한 맛이 나 좋습니다. 이파리 부분보다는 줄기 쪽을 송송 썰어 넣어요.

나래 왜요?

스님 아삭아삭 씹히는 맛이 좋으니까요. 오이는 다른 재료들을 다 만들어놓고 마지막에 채를 썰어요.

나래 왜 그래요?

스님 미리 썰어두면 수분이 날아갑니다. 바로 썰어 넣어야 촉촉하지요. 김은 조미김이든 불에 살짝 구운 맨김이든 상관없어요. 김은 맛도 맛이지만 상에 낼 때 매화 흩뿌린 것 잘 보이라고 바탕을 마련하는 것이에요.

나래 아하, 바탕!

스님 꽃은 먹기 전에 바로 따다 넣어요. 미리 따놨다면 냉장고에 넣어두었다가 꺼내 마지막에 모양 나게 얹으세요.

나래 왜 냉장고에 넣어요?

스님 상온에 두면 풀이 죽어 꽃잎이 축 처집니다. 비빔장은 고추장 간에 따라 물엿 넣는 비율이 달라집니다. 고추장은 너무 매운 것보다는 살짝 달착지근하게 간을 맞추세요.

나래 재료마다 간이 되어 있어서요?

스님 비빔장이 달착지근하게 입에 붙어야 채소와 나물을 더 맛나게 먹을 수 있고, 매화 향도 잘 느낄 수 있습니다. 비빔밥에는 콩나물국이나 된장국을 함께 냅니다. 우리는 콩나물국을 끓일 때 무와 다시마, 통후추 몇 알 넣고 1시간 정도 뭉근하게 끓여 밑국물을 쓰는데 집에서야 콩나물국 끓이자고 1시간 투자할 수 있겠습니까. 번거로우면 불편하다 하지요. 그저 끓는 물에 다시마 우려 끓여도 맛이 납니다.

"딱 이 재료대로 할 것도 없어요. 돌미나리 있으면 그걸 넣어도 되고, 돌나물의 비릿한 맛이 싫으면 빼도 돼요. 우리 집 비빔밥 채소는 그때그때 구색이 달라집니다. 냉장고 뒤져 남은 채소로 만들어 그렇지요. 다만 볶은 나물만 넣지 말고 오이든 새싹이든 생채소를 섞으면 한결 상큼하지요."

매화 향기 가득하다는 시구는 들어봤지만 실제로 매화 향기를 처음 맡았고, 비빔밥 먹다가 톡 터지는 향을 맛보는 경험도 난생처음이라 밥을 떠 넣으며 언제 매화가 터질까 하는 기대감에 싸였다. 정위 스님이 비빔밥 준비하시는 것을 처음부터 끝까지 곁에서 지켜본 기자는 주말에 부모님이 오셨기에 스님 말씀대로 있는 재료 위주로 비빔밥을 해서 상에 냈다. 스님 비빔밥의 정수인 꽃은 미처 못 따와 꽃 없는 비빔밥을 대접했는데도 다들 맛있다 평하셨다. 기자가 요리하는 스님 옆에서 "스님은 어떻게 이런 걸 아셨어요?"라는 질문을 거듭했을 때 "채공(菜供, 절에서 반찬 만드는 것, 채소를 관리하는 것)은 지혜가 터득된다 합니다" 하셨는데, 그것이 이것인지도 모르겠다는 생각으로 내심 뿌듯하였다.

Tip 비빔고추장을 덜 맵게 양념해야 매화 향기를 제대로 즐길 수 있다.

재료(4인분)

밥 4공기,
마른 표고버섯 7~8개,
취·콩나물 400g씩,
당근 1개, 돌나물 200g,
새싹 채소 1팩(50g),
오이 2개,
묵은 김치(줄기 부분) 1/2포기,
구운 김 2~3장, 매화꽃 한 줌,
진간장 2큰술,
국간장·참기름 1½큰술씩,
깨소금·소금·포도씨유·
후춧가루 적당량,
* 비빔고추장: 고추장 6큰술,
물엿·매실액 2작은술씩,
참기름·통깨 약간씩

만들기

1. 마른 표고버섯은 따뜻한 물에 불려 꼭지를 따고 채 썬다. 버섯 우린 물은 밥물로 쓰고, 1/2컵 정도 남겨 버섯 볶을 때 넣는다.
2. 당근은 씻어서 곱게 채 썬다. 취는 소금을 약간 넣고 끓는 물에 삶아서 찬물에 헹궈 물기를 꼭 짠다. 콩나물, 돌나물은 씻어 채반에 밭쳐 물기를 거둔다.
3. 묵은 김치는 줄기 부분만 송송 썬다. 매화꽃은 냉장고에 넣어둔다.
4. ①의 표고버섯은 식용유 몇 방울을 두르고 센 불에 볶는다. ①의 버섯 우린 물과 진간장 2큰술을 넣고, 후춧가루를 뿌린다. 불을 끄고 참기름 1/2큰술과 깨소금을 약간 넣는다.
5. 당근은 식용유를 살짝 두르고 볶다가 소금으로 간하고 후춧가루를 살짝 뿌린다.
6. 삶아둔 취는 먹기 좋은 크기로 잘라 국간장, 참기름, 깨소금을 넣고 무친다.
7. 콩나물은 냄비에 깊이 1~2cm 정도 되도록 물을 붓고 소금을 1작은술 정도 넣어 뚜껑을 닫고 삶는다. 콩나물 냄새가 나면 불을 끈다. 소금으로 모자라는 간을 하고 참기름과 깨소금을 넣어 버무린다. 오이는 마지막에 채 썬다.
8. 분량의 재료를 섞어 비빔고추장을 만든다. 고추장의 매운 정도에 따라 물엿양을 조절해 달착지근하게 간을 맞춘다.
9. 밥 위에 당근, 버섯, 취나물, 콩나물, 돌나물, 오이, 김치를 둘러 담고 가운데 김을 뿌린 후 매화꽃을 올려 낸다.

돌밭에서 옥토가 된
텃밭

봄의 문턱, 앞마당에는 스님이 편애하는 토종 패랭이를 비롯하여 이름 모를 은은한 들꽃들이 조용히 전시를 연다. 그런데 점입가경인 것이 건물 옆 좁다란 샛길로 들어서니 길목을 따라 세 뼘이 채 안 되는 화단에 붉은 목단·백목단·맥문동·둥굴레가, 뒷동산에 이르면 곰취·적상추·참나물·겨자채 등의 푸성귀와 이름만 알고 있던 모과나무를 비롯하여 금귤처럼 샛노란 꽃이 피는 죽단화, 쌀알처럼 종종한 자미화, 주머니처럼 생긴 꽃이 피는 금낭화, 수양버들처럼 머리를 드리운 수양회화나무 등 이름도 모습도 처음 보는 꽃나무들이 자리를 잡고 있다. 자유롭고도 옹기종기 정겨운 모습이 단숨에 솜씨를 부려 생긴 풍경이 아니다. 다양한 종류를 함께 심어둔 이유를 물으니 늘 그러시듯 이번 질문에도 오며 가며 얻어다 심고 씨가 떨어져 저절로 퍼지고 했지 특별히 기획한 것은 아니라는 대답이다. 기자에게 그 다양한 풀과 나무의 이름이 붙여진 연유며, 저마다의 향기며, 생김새가 어떠어떠하다는 평을 곁들이는데 애정이 담뿍 묻어났다.

길상사에 취재를 가면 예상보다 최소 2배 이상 시간이 걸린다. 기자가 궁금한 것이 많아 질문이 늘어 그렇기도 하고, 스님이 워낙 바쁘시기도 해서다. 마당에 줄줄이 늘어선 화분에 물 주느라, 아침부터 깁던 것을 마저 바느질하느라, 어떤 날에는 밭에 비료를 주느라, 밥때가 가까워서는 마당에 묻어둔 장독에서 김치를 꺼내느라 이래저래 스님은 분주하시다. 지난번 왔을 때 다음에 상추 뜯어다가 된장비빔밥을 해 먹자며 밭고랑을 일구고 상추씨를 뿌리셨다. 근 3주 만에 갔더니 상추가 손가락만 하게 곱게 돋았다. 어디서 냄새를 맡고 민

달팽이가 스멀스멀 상추 곁으로 기어온다.
"스님은 뒤뜰도 있고 텃밭도 있고 좋으시겠어요" 했더니 본래는 아무리 씨를 뿌려도 싹이 나다 말던 척박한 땅이어서 첫해에는 돌 집어내는 게 일과였다고 한다. 그 돌산에 퇴비를 3년 넣고 나니 농사가 제법 되고 있단다. 뒷산 텃밭을 일구느라 좌우 팔꿈치가 망가져 동네 의원에 다녔는데 의사가 일을 많이 해 그렇다며 알은체를 하였다. 스님이 의사에게 어찌 도사처럼 그런 걸 아느냐 물으니 오가며 스님 모습을 본 동네 사람들이 귀띔을 하였다는 에피소드가 있을 정도다.
"스님, 이 돌길은 새로 생긴 것 맞지요?" 겨우 한 가지를 맞혔다. 본래 동산 입구에서 밭 둘레를 따라 만든 돌길로 걸어 들어갔는데 사람들이 땅은 보지 않고 앞의 나무만 보느라 자꾸 밭을 망쳐서 돌을 옮겨 길을 바꾸었다고 한다. 입구 밭 옆으로 작은 밭도 생겼다. 역시 몇 날 며칠 손으로 돌을 고르는 핸드메이드 개간 사업을 통해 만들어진 밭은 기와를 쌓아 경계를 지었다. 실용을 겸한 데커레이션이다.
폼 나는 꽃꽂이건 맛있는 음식이건 내놓으면서도 그저 별것 아니라 말씀하시는 '겸손' 스님은 앞마당과 뒷산의 꽃을 두고는 뿌듯한 기색을 감추지 않는다. 어떤 날은 급히 전화를 하셔서 오늘이 아니면 꽃이 지고 말 것이라며 서둘러 오라 하여 계획에 없던 길상사 나들이에 나서기도 했다. 대문을 들어설 때부터 스님은 "우리 집 백목단", "우리 집 백목단" 하셨다. 학창 시절 김영랑의 시를 외우고 외워 모란의 대단함은 은근히 짐작하고 있었는데 스님 말을 듣고 보니 새삼 모란이 그토록 대단하구나 싶다. 스님은 백목단은 정말 구경하기가 쉽지 않다며 길상사 것은 50년이나 되었다 하셨다. 옆에 계시던 주지 스님도 드문 것이라며 거든다. 어느 집 마당에서 20년을 정성스레 키웠는데 그곳에 아파트가 들어서면서 이리로 옮겨 와 기른 것이다. 백목단은 탐스러운 송이만큼 향기도 참 대단했다.
지난해 소담하던 죽단화는 수양버들처럼 가지가 늘어져 주황빛 터널을 이루어 몰라보았고, 절기와 날씨가 달라 못 알아보았는지 본래 있었다는 애기똥풀, 돌복숭아꽃, 제비꽃, 은방울꽃 등은 새 얼굴을 하고 옹기종기 모여 있었다. 뒷동산 구경은 1년 전에도 하였다. 그때도 산을 밭으로 일군 노고와 알뜰하게 자리를 잡은 꽃, 나무, 작물에 마음이 촉촉해졌는데 다시 보니 이런 것도 있었나 싶은 것이 태반이다.

기자가 물을 때마다 스님은 본래 있던 것이라는 대답이니 뒷동산의 재발견이다. 작년에 씨가 떨어져 저절로 자랐던 동백 새싹은 이제 제법 나무가 되어 화분 하나를 차지하고 있었다. 청매, 분홍매는 저마다 아기 매실을 조롱조롱 달았는데 청매 옆으로 매실이 떨어졌는지 싹을 틔워 어린 매화나무 두 그루도 생겼다. 물론 기자 일행은 알아보지 못했고 스님이 찾아내어 뿌듯한 감탄말을 뱉어 다시 보았다.

여름이면 길상수 뒷동산 입구에는 은행나무에 호미를 걸어둔다. 밥때가 되어 미나리 뜯으러 왔다가, 누룽이 밥 챙기러 가다가 오며 가며 수시로 김을 매야 하기 때문이다. 부지런한 손길과 자연의 생명력, 어떤 비료도 어떤 전문가도 이를 따라잡을 수 없을 게다.

앞마당에서 빚어 먹는 주먹밥

스님이 앞마당으로 나가 소풍 온 기분을 내자신다. 주먹밥은 소풍이나 운동회 날 먹던 단골 메뉴인데 스님은 봄볕 좋은 날이면 앞마당 돌 테이블에 둘러앉아 '주먹밥 외식'을 하곤 한다. 땅콩밥 지어서 알록달록 채소 장만해 마당으로 나간다.

스님 저는 주먹밥에 생땅콩을 넣습니다. 생땅콩은 살짝 데쳐서 떫은맛을 빼세요.
나래 얼마나 데쳐야 해요?
스님 껍질의 떫은맛을 빼는 것이니 물 끓기 시작하고 1~2분이면 되지요. 그리고 마른 표고버섯하고 다시마는 불려서 각각 채 썰어놓아요. 버섯, 다시마 불린 물은 버리지 마세요.
나래 밥물로 쓰는 거지요?
스님 그렇지요. 선수 다 됐네. 아까 채 썰어둔 다시마는 밥할 때 넣어요. 표고버섯은 식용유 한 방울 넣고 볶다가 진간장으로 간하고 마지막에 후춧가루, 참기름 넣어 볶아요. 그리고 밥할 때는 찹쌀을 약간 섞어요.
나래 왜요?
스님 밖에서 먹는 것이니 체하지 말라고 소화 잘되는 찹쌀을 섞는 것이죠. 또 찹쌀이 들어가면 찰기가 있어서 주먹밥도 잘 뭉쳐집니다. 밥물은 아까 말했듯이 버섯, 다시마 우린 물을 함께 넣고, 채 썬 다시마와 데쳐둔 땅콩을 넣고 밥을 짓지요.

나래 땅콩을 밥에 넣는다고요?

스님 해보니 주먹밥 먹다가 씹히는 땅콩 맛이 꽤 괜찮더라고요. 아, 그리고 중요한 것. 주먹밥 만들 밥물은 살짝 적게 잡아요. 밥이 고슬고슬해야 모양새도 식감도 좋습니다.

나래 주먹밥도 김밥 만들 때처럼 고슬고슬하게 짓는구나.

스님 보통 완두콩을 넣어 만드는데 오늘따라 시장에 완두콩이 안 보여 색이 비슷한 브로콜리를 사 왔습니다.

나래 근데 왜 완두콩 대신 브로콜리예요?

스님 녹색을 넣으려는 거죠.(웃음) 알록달록해야 보기도 먹기도 좋지 않아요? 브로콜리는 소금 넣고 살짝 데쳐서 완두콩만 한 크기로 잘라둡니다.

나래 줄기도 넣어요?

스님 그럼요. 줄기도 콩만 하게 썰어 넣지요.

나래 완두콩으로 할 때는요?

스님 완두콩도 소금 넣고 끓는 물에 데치면 되지요. 당근은 채 썰어서 기름을 살짝 두르고 볶아 소금으로 간해요. 마지막에 후춧가루 살짝 뿌리고요. 우엉은 어슷하게 썰어 채 쳐서 살짝 조립니다.

나래 아, 일단 어슷하게 써니까 채 치기가 더 편하네요. 그런데 우엉은 식촛물에 데치지 않아요? 아린 맛 없앤다고 그렇게 하던데….

스님 아까워서 그렇게 못 합니다.(웃음) 아린 맛이라기보다 땅 냄새라고 해야 하나? 우엉 특유의 제맛이 나는 게 아닐까요. 그렇기도 하고 번거롭기도 해서 저는 굳이 데치지 않습니다. 우엉은 물엿, 진간장, 식용유 넣고 살짝 조립니다. 반찬으로 두고 먹을 것이라면 오래 졸여 수분이 빠지게 해야 하지만 바로 먹을 것이니 살짝 볶는 것이지요. 진간장은 많이 넣지 마세요. 우엉이 시커매집니다.

나래 우엉도 다 볶고 마지막에 참기름을 넣네요.

스님 네. 다시마, 땅콩 넣어 지은 밥에 미리 장만해둔 우엉, 당근, 표고버섯, 브로콜리를 넣고 소금, 참기름으로 양념해 고루 섞으세요. 주먹밥 만들기 전에 밥알 들러붙지 말라고 손에 물 한 번 묻히고, 손으로 꼭꼭 눌러 만드세요.

나래 밥이 따뜻할 때 더 잘 뭉쳐지는 것 같아요.

스님 꼭꼭 눌러 만들어야 한 입 베어 물어도 흐트러지지 않습니다. 주먹밥에 구운 김을 둘러 내거나, 상추에 올려도 좋지요. 저는 주먹밥에 미역된장국을 끓여 곁들이곤 합니다.

나래 알려주세요.

스님 간단합니다. 맹물에 미역, 두부 넣고 된장 풀어 끓여 가볍게 마시는 국입니다. 미역이 간간해서 우리 된장보다 심심한 일본 된장을 풀어 끓이는 게 낫습니다. 우리 된장은 그저 색만 날 정도로 약간 넣으세요.

나래 아, 저는 된장으로만 끓여서 만날 짰던 거군요.

"산에 원족(遠足, 소풍) 갈 때는 어른 주먹만 하게 빚은 큼직한 주먹밥 두 덩이만 단출하게 싸가면 내려올 때까지 든든합니다. 찹쌀을 섞어 만들면 한 입 베어 물어도 흩어지지 않고, 야외에서 온기 없이 먹어도 체할 염려가 적지요."
스님은 주먹밥은 둘러앉아 빚으면 더 먹는 맛이 난다며 동네 아낙을 몇 명 부르셨다. "주먹밥은 비빔밥보다 더 먹게 됩니다"라는 스님 말씀처럼 기자를 포함한 '주먹밥 지원단'은 빚으면서 시식을 시작해, 하나 둘 집어 먹는 재미에 배부른 줄을 몰랐다. 쌈 싸 먹듯 상추에 올린 주먹밥은 더 개운한 맛. 길상수에서는 주먹밥이 남으면 다음 날 아침으로 주먹밥 몇 개에 물 한 바가지 넣어 죽을 끓여 먹는다며 남은 주먹밥을 몇 개씩 싸주셨다.

재료(4인분)
백미 3컵, 찹쌀 3큰술,
생땅콩 1/2컵,
다시마(10×10cm) 3장,
마른 표고버섯 5~6개,
우엉 1대, 당근 1개,
브로콜리 1송이, 진간장 2½큰술,
참기름 1작은술, 물엿 1작은술,
소금·후춧가루·식용유 약간씩,
구운 김 2장, 상춧잎 3장

만들기
1 마른 표고버섯과 다시마는 불려서 채 썬다. 버섯과 다시마 우린 물은 버리지 말고 밥물로 쓴다.
   생땅콩은 끓는 물에 살짝 데쳐 떫은맛을 뺀다.
2 ①의 채 썬 다시마와 생땅콩을 넣고, 백미와 찹쌀을 섞어 밥을 한다.
3 ①의 채 썬 표고버섯은 팬에 식용유를 살짝 두르고 진간장 2큰술로 간해 볶는다. 마지막에
   참기름과 후춧가루를 살짝 넣는다.
4 브로콜리는 씻어서 끓는 물에 소금을 넣고 데쳐 완두콩 크기로 깍둑썰기한다.
5 당근은 껍질을 벗기고 채 썰어 식용유를 살짝 두르고 볶아 소금으로 간한다.
6 우엉은 껍질을 벗기고 채 썰어 팬에 식용유를 두르고 물엿, 진간장 1½큰술을 넣어 살짝 조린다.
7 ②의 밥이 다 되면 준비한 재료를 넣고 섞어 동그랗게 주먹밥을 빚는다.
8 주먹밥은 김이나 상추에 싸서 낸다.

**요즘 세상에
기워 쓰는 이야기**

스님은 마루에 걸터앉아 끝자락이 닳고 닳아 누글누글해진 모시를 매만지느라 분주하다. 기척을 듣고도 이것만 마저 하면 된다며 손을 놓지 못하신다. 다가가 살펴보니 해진 천을 들고 구멍 난 부분을 가위로 오려내고 계셨다. 비정형의 구멍을 네모로 정돈하여 오려낸 후 천을 덧대어 기우는 과정이다. 어린 시절, 다른 부분은 멀쩡한데 유독 무릎만 해지는 3남매의 내복을 어머니가 동그랗게 기워주신 기억이 있어 그런 종류구나 예상했는데, 기워서 찻상 위에 까는 다포를 만들 것이라고 한다. 내복처럼 속에 입을 것은 하얀 내복에 빨간 무릎이 되어도, 양쪽이 파랗고 노랗게 짝짝이가 되어도 우리끼리 재미있고 즐거웠지만 사실 남들 앞에서는 좀 창피했다. 그런 생각에 기자는 내놓고 쓸 다포를 기워 쓰는 것이 좀 의아했다. 과연 기워 만든 다포가 폼이 날까도 싶었다. 스님은 이 해진 모시의 구멍을 손바느질로 메우고, 다포 사이즈에 맞춰 서너 겹이 되도록 접어서 사방에 바이어스테이프를 두르고 충무 누비처럼 나란하게 몇 줄을 누벼 다포를 완성한다고 설명하신다.
구멍만 손바느질로 기우면 줄누비는 디자인을 봐가며 해도 그만 안 해도 그만이고, 바이어스를 둘러 박는 것은 동네 수예점에 들고 가서 드르르 박아도 되니 일도 아니라는 것. 그 말을 들으니 무척 쉬워 보인다. 스님이 해진 모시로 만들었다는 다포는 예상을 뒤엎고 사진에서 보다시피 멋스럽다. 나도 해봐야지 싶다가 요즘엔 뭐든 해지도록 써본 기억이 없어 남모르게 부끄러웠다.
스님은 옛날 엄마들이 그랬듯 21세기에도 남들 텔레비전 볼 때 소리만 들으면서 깁거나 누빈다고 한다. 몇 년 전까지는 양말도 기워 신었는데 배기고 갑

갑해서 이제는 안 하고, 25년 된 누비 적삼은 두 번밖에 안 기웠다며 알뜰한 사람이 아니라는 근거를 대듯 말씀하신다.

"그저 저한테 온 것에 최선을 다하는 것이지요. 저와 인연 닿은 물건에 제가 인격을 부여하곤 합니다.(웃음)"

구멍 난 모시에 모시를 덧대고, 누비 적삼은 색상은 다르더라도 소재는 맞춰 견으로 기우고, 무명 앞치마는 해진 부분에 무명을 네모지게 잘라 대고 박아 구멍을 가린다. 기워 쓸 때는 소재를 맞추는 게 기본이다. 심지어 길상 사 매홧간에는 기운 박 바가지도 있다. 금이 간 부분을 실로 잡아 얽어맨 것이다. 두께가 얇고 작은 박은 물에 불려 이불 꿰매는 큰 바늘에 실을 끼워 꿰매고, 커다란 박 바가지는 불려도 바늘이 들어가지 않아 힘센 이웃의 도움을 얻어 드릴로 구멍을 뚫고 철물점에서 얻은 튼실한 마(麻) 실을 구멍에 끼워 기웠다. 박도 '연세'가 들어야 저런 구릿빛 피부가 나온다며 양치 컵으로 쓰는 작은 바가지는 20세이고, 구릿빛의 건강한 바가지는 어느 신도가 40년 전 아들 낳을 때 탄 박을 간직했다가 나눠준 것이라 한다. 박 바가지는 오래되어 그런지, 기워 보살핀 주인의 손길 덕인지 참으로 정겹다.

더없이 맑은
표고국수, 커피국수

스님의 국수는 개운하고 맑은 맛이다. 표고국수는 뜨끈하게, 커피국수는 시원하게 먹으면 제맛이다. 특히 길상사의 오랜 국수 레시피라는 표고국수는 다시마를 듬뿍 넣고 국물을 만드는데 국수를 그다지 좋아하지 않는 기자도 꼭 따라 해보고 싶을 정도로 맛있다.

스님 표고국수 국물은 표고버섯, 다시마, 통후추를 넣고 끓여요.
나래 멸치 육수 내듯요?
스님 30분 이상 폭폭 끓이지요. 그러니 처음에 물을 좀 넉넉하게 잡아요. 그러고 나서 감자를 툭 잘라 넣어요.
나래 감자는 반으로만 잘라요?
스님 잘게 잘라 넣으면 국물이 탁해져요.
나래 감자는 폭신해지도록 익혀요?
스님 젓가락으로 찔러보지 말고 색을 살펴요.
나래 왜요?
스님 감자 모양이 망가지고 국물도 탁해집니다. 감자가 익으면 색이 맑아지니 그걸 보고 알아채면 되지요. 표고버섯은 건져서 채 썰고, 감자는 쪼개지 말고 그대로 그릇에 담아요.
나래 좀 크지 않을까요?
스님 젓가락으로 툭툭 잘라 먹으면 됩니다. 조미김을 찢어서 고명으로 올리고요. 이제 양념간장 만듭시다. 미나리는 송송 썰고 풋고추, 홍고추는 다져요.

나래 고추씨는 안 털어내요?
스님 저는 씨에 맛과 영양이 있을 것 같아 그대로 씁니다. 집에 인삼이 있으면 반 뿌리 정도 다져 넣어도 입맛 돌아요. 양념장에는 진간장과 국간장을 함께 넣어야 맛이 깔끔합니다.
나래 안 짜요?
스님 진간장은 단맛이 나고 텁텁해요. 맑은 맛을 내는 데는 국간장이 제격이지요. 그래서 국수 국물은 국간장과 소금으로 간하고, 양념장에는 국간장에 진간장을 약간만 넣는 것이지요.
나래 커피국수는 양념장 안 넣고 먹지요?
스님 그렇지요. 커피국수는 정말 간단합니다. 사발에 커피 담고 국수 올리고 오이 얹으면 끝이지요. 오이는 최대한 곱게 채 썰어요.
나래 저는 채 써는 게 최고 어려워요.
스님 국수가 가늘어 채가 두꺼우면 툭툭 씹혀 혀에 거슬립니다. 커피국수는 블랙커피 맛으로 먹기도 하지만 설탕을 넣어 달착지근하게 말아 먹어도 맛있어요. 우리 주지 스님은 달달한 커피를 좋아하셔서 커피국수도 그리 드십니다.
나래 동치미 국수처럼 커피를 살짝 얼려 말아 먹어도 맛있겠어요.
스님 한여름에 얼음을 가득 넣어 내면 다들 시원하게 한 그릇 뚝딱 비웁니다. 자, 이제 면을 삶읍시다. 삶을 때 소금을 약간 넣으면 쫄깃해요.
나래 식용유를 넣어도 되지요?
스님 식용유를 넣으면 붙지 않아 더 좋다던데 냄비가 기름 범벅이 되잖아요. 그래서 저는 소금만 넣어요.
나래 저 냉수는 끓어오를 때 부으려는 거지요?
스님 국수 넣고 우르르 끓어오를 때 찬물을 부어요.
나래 속까지 익으라고 그러지요?
스님 맞습니다.
나래 스님, 생각보다 국수 삶는 데 꽤 걸리네요.
스님 설명서에는 2분, 3분 하는데 화력도 다르고 냄비도 다른데 어찌 그렇게 규정할 수 있겠어요. 탁한 면발이 약간 말개질 때까지 삶아요. 익은 국수를 건져 찬물에 헹굴 때 슬쩍 열기가 가실 정도로 두세 번만 헹굽니다.
나래 왜요?

스님 너무 헹구면 살짝 물맛이 나서 맛이 덜합니다.

"커피국수는 밀가루 음식 먹고 속 더부룩할 때도 커피 한잔하고, 서양 사람들이 빵에 커피를 곁들이듯이 국수도 밀가루이니 어울리지 않을까 하고 해봤지요. 실험 삼아 커피에 말아 내줬더니 다들 깔끔한 맛이 별미라 하기에 요기로 내볼까 합니다. 그래도 저는 국수는 냄비에서 건져 찬물에 휘휘 헹궈서 얼른 몇 가닥 집어 먹을 때 맛이 최고인 것 같습니다."

커피국수는 간단히 아메리카노 한잔 사다가 내야겠다고 하니 스님이 웃으며 판메밀처럼 찍어 먹도록 내도 좋겠다며 아이디어를 더하신다.

표고국수

재료(4인분)
소면 400g, 마른 표고버섯 10개,
다시마(10×10cm) 6장,
감자 2개, 통후추 15알,
조미김 1장, 국간장·소금 적당량
* 양념간장: 미나리 반 줌, 청홍고추 3개씩,
국간장 3큰술, 진간장 1큰술, 소금 약간

Tip 양념장에 인삼을 반뿌리 다져 넣어도 별미다.

만들기
1 감자는 껍질을 벗기고 반으로 자른다. 마른 표고버섯, 다시마, 통후추를 넣고 30분
   정도 끓이다가 다시마는 건져 버리고, 표고버섯은 채 썬다. 여기에 감자를 넣어 익힌 후
   국간장과 소금으로 간한다.
2 미나리는 쫑쫑 썰고, 풋고추와 홍고추는 다진다. 국간장과 진간장을 섞어 양념장을 만든다.
3 국수는 끓는 물에 소금을 약간 넣고 삶다가 우르르 끓어오르면 찬물을 부어 면발이
   말갛게 될 때까지 삶아 찬물에 2~3번 헹궈 채반에 밭친다.
4 그릇에 ①의 국물을 담고 국수를 넣은 후 감자와 채 썬 표고버섯, 조미김을 찢어 올린다.
   양념장을 곁들여 낸다.

커피국수

재료(4인분)
소면 400g,
핸드 드립 커피 4잔,
설탕 1/2작은술,
오이 1/2개,
조미김 1장,
각 얼음 25개, 소금 약간

Tip 설탕량은 취향대로 조절한다. 동치미국수처럼 커피를 살짝 얼려 국수를 말아 내도 좋다.

만들기
1. 오이는 껍질을 벗기고 채 썬다. 조미김은 손으로 잘게 찢는다.
2. 국수는 끓는 물에 소금을 약간 넣고 삶다가 우르르 끓어오르면 찬물을 부어 면발이 말갛게 될 때까지 삶아 찬물에 2~3번 헹궈 채반에 받친다.
3. 핸드 드립 커피에 설탕을 약간 넣은 후 그릇에 담고 국수, 오이, 조미김, 얼음을 곁들여 낸다.

모빌 같은 연등

해마다 봄이면 길상사 앞마당의 운치 있는 연등 장식으로 마음이 즐겁다. 마치 모빌처럼 리듬감 있게 달린 연꽃들은 늘 봐오던 군대식 일렬 연등 행렬과는 달리 눈길이 머무는 서정적인 풍경이다. 초파일 즈음이면 스님은 연등 달기 총감독이 된다. 한 사람은 끈과 연등을 들고 뒷산으로 올라가고, 스님은 앞마당과 길상사 담 밖 골목길에 서서 올려다보며 "옆으로", "앞으로", "길게", "짧게"를 외치신다. 앞마당에 접한 뒷산 나무에 연등을 매다는 광경이다. 스님은 일률적으로 매달린 연등이 갑갑해 나무에 연등 달기를 시도했다고 한다. 분홍, 노랑, 빨강 등 컬러도 서너 가지로 섞어 매치하고, 연등을 모으고 흩어 자연스럽게 연출해 마치 푸른 잎 사이에 꽃이 핀 것 같다. 20개 남짓한 연등은 주로 길가에서 보이는 쪽과 길상사 앞마당의 벽화 위에 매다는데 길 쪽은 행인들이 담 아래서 보기 편한 것을 기준으로, 마당은 벽화를 고려해 위치와 높이를 정한다.

생각해보니 길상사에 연등처럼 뭔가를 매단 곳들이 눈에 띈다. 문화 카페 지대방에 달린 등, 'ㄷ' 자로 드리운 철제 걸이 위에 올려둔 나무 선반, 법당 입구의 나무 새 두 마리 등 은근히 매달아둔 것이 많은데 모두 스님이 감각을 발휘해 공간이 멋스러워졌다.

지대방 주방에 걸린 전등은 전기가 연결되지 않은 가짜다. 그 위치에 뭔가 하나 있어야 할 것 같아 전등을 달았다. 책장 위의 사다리처럼 생긴 나무 선반은 본래 탁자처럼 다리가 4개 있는 형태로, 옛사람들이 이불, 함지에 담은 옷가지, 벗은 도포 등을 올려놓는 용도로 쓰던 생활 가구다. 스님은 이 가구의 상판만 가져다가 철제 봉을 달아 사다리 모양 상판을 걸쳐 올려두었다. 다리가 있으면 오히려 둔해 보여 철과 나무를 매치해 현대적인 느낌을 낸 것이다. 계단을 올라 법당에 들어갈 때면 머리 위로 새 한 쌍이 날아간다. 문 앞 천장에 파란 새와 노란 새를 한 마리씩 달아두었는데 실제로 스님은 새가 나는 듯한 느낌을 내려고 천장에서 줄을 길게 늘어뜨려 두 마리의 높이를 달리했다고 한다. 역시 앞마당의 연등을 달 때처럼 계단 아래서 "올리세요", "내리세요" 하며 매달았다. 길상사를 둘러보니 뭔가 매달면 한결 운치 있는 공간이 되는 것 같다. 스님께 물으니 절집이 너무 정적이어서 움직임을 준 것뿐이라며, 이렇게 느긋한 설렁거림이 스님 기준으로는 '다이내믹'이라고 하신다.

전등이나 모빌 외에 스님이 '매다는' 액자도 색다르다. 지난여름에는 길상사에 팥빙수를 먹으러 갔는데 지대방 벽에 십자수로 'Sweet Home'이라 수놓은 액자가 걸려 있었다. 액자라기보다는 상자 같았다. 액자 속에는 글씨 아래로 흑백 가족사진이 한 장 붙어 있고, 액자 위로 아치를 그리며 휘도록 연밥을 걸어 왠지 더 '스위트'한 분위기가 났다. "옛날 옷보를 위, 아래, 가운데를 나눠 이런 걸 3개나 만들었어요." 스님은 옷보 상단의 글씨와 중앙, 아래쪽의 그림을 모두 살려 쓸모 있는 것을 만든 것이 뿌듯한 눈치다. 게다가 표굿집에서 모자라는 천을 이어 배접을 감쪽같이 한 덕에 크기도 쓸 만하고 비례도 좋다며 만족스러워하신다. 스님은 이렇게 천을 상자에 감싸 액자를 만들 때는 얇

팍한 것보다는 두께가 9~10cm 되어야 걸었을 때 볼록 올라와 나름의 격이 산다고 덧붙이신다. 액자를 걸 때는 항상 제일 높게 달 것을 기준으로 못을 친다. 꼭대기에 못을 박아두고 낚싯줄을 매서 액자를 거는데 굳이 그림을 바꾸지 않고도 높낮이를 조절해 공간에 변화를 줄 수 있기 때문이다. 대체로 액자는 높이 걸지 않는다. 편안한 느낌을 내기 위해서다. 특히 큰 액자는 오히려 내려 걸어야 안정감이 있다고 한다. 때로는 큰 액자를 걸지 않고 벽에 기대두기도 하고, 와불은 크기가 작아도 '와불'이니까 바닥에 둔다는 재밌는 대답도 하신다. 액자를 걸 때 정위 스님이 가장 신경 쓰는 것은 코너와의 조화다. 넓은 벽이라고 많이 걸지 않고, 어떤 경우에는 액자 아래 선반을 질러 정돈하기도 한다. 고목 매화나무 그림 앞에는 옹기 꽃병에 나뭇가지를 꽂아 매치하고, 프레임이 도톰한 액자 위에는 늘 망개나무 열매를 올려 장식한다. 앞마당 벽화의 그림과 어우러지도록 연등 높이를 조절하는 것과 비슷한 맥락이다.

씹는 맛이 다채로운 영양카레

연근, 마, 파인애플을 넣은 희한한 카레 레시피. 스님이 '영양카레'라고 이름 붙인 이 독특한 카레는 식감이 다른 각종 재료를 매치한 점이 특별하다. 특히 파인애플을 넣어 상큼한 맛이 나는 것이 별미다.

스님 마른 표고버섯과 다시마는 물에 불려요. 버섯과 다시마 우린 물은 버리지 말고 카레 끓일 때 국물로 써요. 표고버섯은 물기를 꽉 짠 후 깍둑썰기하고 다시마는 버리세요.
나래 다시마는 버려요?
스님 다시마는 해초라 그런지 맛과 식감이 카레에 넣는 다른 재료들과 잘 안 어울리는 것 같아요. 감자, 당근은 씻어서 껍질을 벗기세요. 단호박은 씨를 파내고 껍질은 상처 있는 부분만 대강 벗겨내세요.
나래 단호박은 단단해서 껍질 까는 것이 여간 일이 아닌데, 안 벗겨도 돼요?
스님 껍질에 영양이 많고, 익으면 그리 거슬리지 않아요. 감자, 당근, 단호박은 사방 2센티미터 정도 되도록 큼직하게 주사위 모양으로 썰어요.
나래 그렇게 크게요?
스님 잘게 썰면 후루룩 먹기 좋지만, 그래도 큼직해야 각종 재료 씹는 맛도 있고 모양새도 낫습니다. 연근과 마도 씻어서 껍질을 벗겨 나머지 재료와 비슷한 크기로 썰어요. 연근은 둥글게 썰지 말고 세로로 썰어요.
나래 왜요?
스님 크기를 맞춰야 모양새가 깔끔하니까요. 파인애플도 비슷한 크기로 썰어두세요. 팬에 식용유를 아주 조금만 넣고 준비한 재료들을 각각 볶아 접시에 모아두세요. 감자는 겉이 반지르르해지면서 색이 투명해질 정도로 볶아요.

나래 푹 익히지 않고요?

스님 너무 익히면 이따 카레 넣고 끓일 때 으스러져서 지저분해요. 감자는 녹말이 있어 볶을 때 주걱으로 쉴 틈 없이 뒤적거려야 눋지 않아요. 단호박, 당근, 연근, 마도 대강 볶아내세요. 표고버섯은 안 볶아도 돼요.

나래 그런데 카레 할 때는 왜 볶아서 다시 끓이는 거예요?

스님 기름막 없이 끓이면 으스러지니 모양이 정갈하라고 그러지요. 냄비에 표고버섯, 다시마 우린 물과 맹물을 섞어 넣고 감자, 당근부터 넣고 끓이다가 나머지 재료를 넣어요.

나래 콩도 넣어요?

스님 콩은 따로 볶거나 삶지 않고 그냥 넣으면 되지요. 농도는 카레를 넣고서 맞추면 되니까 물은 용량을 딱 맞추지 말고 건더기 재료가 잠길 정도로 넣으세요. 보글보글 끓으면 고형 카레를 넣고 끓이다가 가루 카레를 한 숟가락 넣어요. 요즘 카레는 물에 따로 풀지 않고 그대로 넣어도 엉기지 않더라고요. 저는 매운맛과 중간 매운맛을 섞어 써요.

나래 그런데 스님, 가루 카레는 왜 넣어요?

스님 고형 카레의 색이 어두운 밤색이라서 노란빛이 도는 가루 카레를 약간 넣어 색을 밝게 하는 거지요. 카레를 풀어 끓으면 불을 끄고 파인애플과 후춧가루, 소금을 약간 넣은 후 냄비 뚜껑을 닫아 몇 분간 두세요.

나래 파인애플은 불을 끄고 넣어요?

스님 파인애플이 익으면 카레 맛이 들큼해져요. 안 익어야 씹을 때 파인애플의 상큼한 맛을 느낄 수 있고요.

나래 아….

스님 카레에는 깔끔한 흰밥이 어울려요. 밥은 물을 많이 잡지 말고 고슬고슬하게 지으세요.

정위 스님의 영양카레는 질감이 다른 각종 재료를 씹는 느낌이 재미있다. 재료를 큼직하게 썰어 넣은 이유도 이런 식감을 잘 느끼게 하려 함이다. 카레 속의 감자, 당근 씹는 맛은 다들 알 테고, 단호박은 밤 같고, 마는 바나나처럼 부드럽고, 연근은 좀 더 단단하면서 섬유질도 살짝 느껴진다. 카레를 먹다가 파인애플을 씹으면 상큼한 즙이 입안 가득 고이는데 마치 정위 스님이 만들어주셨던 매화꽃비빔밥의 매화처럼 톡 터지는 것이 카레 속 매화라 할 법하다.

재료(4인분)

감자 1개, 당근 1/2개,
단호박 80g, 연근·마 40g씩,
마른 표고버섯 8개,
다시마(10×10cm) 1장,
파인애플 슬라이스 링 1개,
완두콩 한 줌,
소금·후춧가루·식용유 약간씩,
고형 카레 120g, 카레 가루 1큰술

만들기

1. 마른 표고버섯과 다시마는 물에 불려 국물을 받아둔다. 표고버섯은 깍둑썰기하고 다시마는 버린다. 파인애플 링은 2cm 크기로 자른다.
2. 감자, 당근, 연근, 마는 껍질을 벗겨 사방 2cm 정도로 깍둑썰기한다. 단호박은 씻어 껍질을 벗기지 말고 같은 크기로 썬다.
3. 냄비에 식용유를 살짝 두르고 ②의 재료들을 각각 볶는다.
4. 냄비에 ①의 표고버섯, 다시마 우린 물을 담고 감자와 당근을 넣어 끓이다가 단호박, 연근, 마, 표고버섯, 완두콩을 넣는다. 재료가 잠길 정도로 물을 붓고 끓인다.
5. ④가 끓으면 카레를 넣는다. 끓으면 불을 끄고 소금과 후춧가루를 약간 넣고, 파인애플을 넣는다.

여름

'쪼그랑망태'가 된 콩나물조림은 눈 감고 먹으면 오징어라 해도 믿을 예상 밖의 맛이다. 초파일처럼 큰 행사 때 콩나물무침에 질려 해 먹는, 본래 절 음식인데 요즘은 절에서도 흔치 않아 상에 내면 스님들도 "이런 걸 다 했네"라는 반응이라고 한다. 스님의 간장조림은 재료도, 손질도, 양념도, 과정도 매우 단순하다. 스님이 장아찌에 곁다리로 알려준 메뉴는 여태껏 배운 것 중 최고로 간단해 올해는 여름 밥상을 위해 별다른 궁리를 안 해도 될 것 같다.

물건 아래 깔거나 액자로 쓰는
꽃 상보

어느 날 지대방에 들렀다가 우연히 상보 하나를 보았다. 빨간 꽃, 노란 꽃을 다정하게 손으로 수놓은 동그란 모양으로, 약사발 덮어두던 것이라고 했다. 스님이 다른 상보도 있다 하기에 다음에 오면 꼭 보여달라고 졸라두었다. 훗날 '상보 취재' 약속을 잡으려고 연락을 하니 스님은 비 올 걱정부터 하신다. 점심으로 강된장 보리밥을 먹자시기에 비가 오면 텃밭에 상추가 축 처져 그러나 짐작하며 일기예보를 살펴 날을 잡았다. 알고 보니 스님은 밥상에 올릴 상추 때문에 날씨 걱정을 한 게 아니라 상보 때문에 그러신 게다. 사진을 찍으려면 상보에 풀을 먹여 짱짱해야 단정할 터인데, 기자가 뭘 골라 찍을지 모르니 수십 장을 풀 먹여둬야 하나 형편이 안 되면 그날 해야지 하셨던 것이다. 풀은 햇빛이 쨍쨍해야 제대로 먹기 때문에 그렇게 날씨를 살폈던 것. 기자는 스님의 상보들 중에 가장자리를 코바늘뜨기로 둘러 장식하고 코스모스를 수놓은 것이 유난히 맘에 들어 꼭 찍고 싶다 했다. 마침 풀을 먹이지 않은 상보였다. 스님이 난감해하시기에 금세 달려가 '다리오'(천에 뿌리고 다리미로 다리면 풀 먹인듯 뻣뻣해지는 제품)를 사 오겠다고 하였더니 웃으신다. '남은 밥을 끓여 거즈 자루에 넣고 꾹꾹 주물러 걸러서 옷감을 넣고 주물러 풀을 먹인다. 이것을 바싹 말려서 다시 물을 뿌려 밟아 촉촉할 때 다린다.' 재래식으로 풀을 먹이는 방법이다. 스님은 오며 가며 한두 장씩 모아둔 상보를 이처럼 '번거롭게' 풀을 먹여 정성스럽게 간수해두셨다. 요즘은 냉장고가 있어 상보를 쓸 일이 많지 않아 스님은 상보에 허리끈을 달아 앞치마로 쓰거나 벽에 걸어 콘센트니 전기 단자함을 가리거나 꽃병 아래 깔거나 그림처럼 액자로 걸어 용도를 찾아주었다.

"이 나비 좀 봐요. 꽃잎 흩날리는 걸 점점이 수놓은 것 좀 봐요."
스님의 말을 듣고 들여다보니 상보에 놓인 수가 그저 장식이 아니라 표현 기법, 구도를 신경 써서 그린 한 폭의 그림이다. 꽃잎이 흩날리는 것을 점점이 한 잎씩 수놓고, 나비 두 마리의 색상과 포즈를 달리해 리듬감 있게 표현했다. 어느 것은 애초에 그러데이션이 들어간 실을 사용해 입체감을 주었고, 국화꽃을 측면에서 본 것과 위에서 본 것을 섞어 입체파처럼 배치한 구성도 신선하다. 사면에 탑을 수놓은 정사각형 상보는 사랑방에서 약상을 덮던 것인데 염원을 담아 '福' 자와 'Hope'도 수놓았다. 상보 한가운데 달린 꼭지에도 하늘거리는 시폰 소재로 방울꽃을 만들어 달거나 코바늘로 모양 낸 고리를 다는 등 아낙들의 곰살궂은 손길이 느껴진다.
몇 년 전 젊은 사람들 사이에서도 한창 유행했던 서양자수인 십자수는 육안으로도 쉽게 십자가 보이는 성긴 천에 구멍을 따라 '×' 자로 수를 놓는다. 요즘 사람들은 일명 옥스퍼드라는 올 굵은 면도 눈이 아파 그 성긴 천에 수를 놓는데 스님이 모아둔 옛날 상보 중에는 촘촘한 무명에 십자수를 놓은 것도 있다. 스님이 한국전쟁 이후에는 서양 자수 본이 흘러 들어와 먹지를 대고 그림 본을 떠 서양 자수를 놓은 게 아닌가 싶다고 한다. 각양각색 옛날 상보들을 들춰보고 있자니 깊은 밤 아녀자들이 다소곳이 바느질하는 광경이 보이는 듯하다.

감자보리밥에 빡빡 강된장

상보에 눈을 뺏기고 있자니 금세 밥때가 다 되었다. 스님이 '헤픈 강된장'이라고 소개하신 정위 스님식 강된장. "우리 집 강된장은 숟가락이 아닌 국 푸는 커다란 국자로 떠먹게 된다"기에 왜 그런가 했더니 간이 심심하고 부재료가 빡빡할 정도로 많이 들어가서다.

스님 마른 표고버섯을 따뜻한 물에 불려서 우린 물을 3컵 정도 준비하고, 표고버섯은 곱게 다져요. 덩어리가 크면 강된장 안에서 이리저리 굴러다녀 별로입니다. 풋고추와 홍고추도 곱게 다지세요. 풋고추는 길이로 4등분해서 다지면 수월하지요. 이때 꼭지 부분을 남기고 칼집을 내세요. 이러면 다지는 동안 고추가 흐트러지지 않아 쏜살같이 다질 수 있습니다.
나래 홍고추도 꼭 넣어야 해요?
스님 없으면 안 넣어도 되지만 홍고추는 풋고추와 달리 맛이 달큼해요. 고추는 빡빡하다 싶을 정도로 많이 넣어야 맛있습니다. 강된장은 잘 넘치니까 아예 냄비 뚜껑을 닫지 않고 끓입니다. 냄비에 표고버섯 우린 물과 버섯을 넣고 팔팔 끓이다가 된장을 푸세요.
나래 얼마나 넣어요?
스님 집집마다 된장 간이 다르니 정해 말할 수는 없지요. 우리 집 된장은 2큰술 넣으니 마침 맞네요. 밥 비벼 먹는 것이니 약간 짜다 싶을 정도로 간을 맞춰도 됩니다. 된장을 풀고 감자를 숟가락으로 긁어 넣어요.
나래 긁으니까 사방으로 국물이 튀는데 곱게 다지면 안 돼요?
스님 그렇게 넣으면 강된장 안에서 감자가 굴러 다녀요. 감자는 긁어 넣어야 부드러우면서 강된장에 밀도가 높아져 푸근한 맛이 납니다. 감자를 넣은 후에는 살살 저어주세요.

나래 왜요?

스님 녹말이 가라앉으면 쉽게 눌어버리지요. 끓이다가 마지막에 고추 다진 것을 넣고 고춧가루를 1큰술 정도 넣어주세요.

나래 고춧가루는 왜 넣어요?

스님 마른 고추는 생고추와는 또 다른 개운하고 깔끔한 맛이 있어요. 강된장은 뜨끈하게 먹어도 되고 식혀서 밥 비벼 먹어도 그만입니다. 자, 이제 밥을 합시다. 보리밥은 전기밥솥에 일단 보리만 넣고 밥을 하세요. 다 된 보리밥에 쌀과 찹쌀 한줌, 옥수수나 콩, 감자 등을 적당량 섞어서 밥을 다시 해요.

나래 미리 지은 보리밥을 넣는다고요?

스님 보리는 쌀보다 단단하고 안 퍼져요. 이렇게 두 번 밥을 해야 부들부들합니다. 보리밥에 나머지 재료를 넣고 보통 밥할 때보다 조금 넉넉하게 물을 잡으세요. 보리밥은 질게 해야 잘 넘어갑니다.

나래 찹쌀은 소화 잘되라고 넣는 거지요?

스님 그렇지요. 이제 모르는 게 없네요. 자, 다 됐습니다. 이제 상추 등 푸성귀 좀 내고, 오이 하나 있으면 툭툭 썰어서 새콤하게 무쳐 곁들이면 입맛 돕니다. 푸성귀는 쌈으로 먹어도 되고 손으로 툭툭 찢어 비벼 먹어도 좋지요.

"입맛 없는 여름에 강된장만 한 밥도둑이 없습니다. 보리만 넣고 밥을 지어 냉장고에 넣어두고 그때그때 쌀, 감자, 옥수수를 넣어 따끈한 밥을 지어 먹지요. 여름에 찐 옥수수 먹다가 단단한 알만 모아서 얼려두거나, 끝물에 한꺼번에 쪄서 알만 발라 갈무리해 냉동실에 두면 겨우내, 이듬해 여름까지 구수한 옥수수밥을 먹을 수 있지요."

정위 스님이 보리밥과 강된장을 1:1로 계산해 양을 잡으시기에 남지 싶었다. 기자 일행은 스님이 내주신 과일과 간식도 먹은 데다 한 일도 없어 배가 든든하였기에 맛만 볼 생각으로 숟가락을 들었는데 평소에는 즐겨 먹지도 않는 보리밥을 다들 배부르다 말하면서 한 대접씩 비웠다. 밥도 밥이지만 스님 말씀대로 밥 양만큼 강된장을 먹는 바람에 모두 양이 넘쳤다. 길상수 강된장은 간이 세지 않고 부드러워 밥만큼 먹힌다. 스님이 강된장 양재기에는 숟가락 대신 국자를 걸쳐둔다고 하셨는데 참말로 숟가락으로 떠다 비비기에는 감질나는, 술술 넘어가는 맛이다.

재료(4인분)

* 강된장: 된장 2큰술,
마른 표고버섯 12개,
감자(큰 것) 1개, 풋고추 12~15개,
홍고추 5~6개, 고춧가루 1큰술
* 보리밥: 보리쌀 3컵,
쌀 2/3컵(보리쌀:쌀=7:3),
찹쌀 한 줌, 옥수수 1컵,
콩 1/2컵, 감자 2개

Tip 된장량은 간에 맞게 조절한다. 강된장은 빡빡하게 끓이고, 보리밥은 약간 질게 짓는다.

만들기

1 우선 보리쌀만 넣고 밥을 짓는다. 밥이 다 되면 쌀을 비롯한 나머지 보리밥 재료를 넣고 다시 밥을 한다.
2 마른 표고버섯은 불려 우린 물을 3컵 정도 준비하고, 버섯은 곱게 다진다.
3 풋고추와 홍고추는 곱게 다진다. 감자는 껍질을 벗겨 반으로 자른다.
4 냄비에 ②의 국물과 버섯을 넣고 팔팔 끓이다가 된장을 풀고 ③의 감자를 숟가락으로 긁어 넣는다. 감자를 넣은 후에는 살살 저어준다.
5 강된장을 끓이다가 마지막에 ③의 다진 고추와 고춧가루 1큰술을 넣어 끓인다.

정위 스님의 가벼운 밥상

커피 내리는 스님
문화 카페 지대방을 열다

길상사 지하에 '지대방'이라는 카페가 있다. 현대식 빌딩 건물인 길상사 지하에는 빈 공간이 있어 물건을 보관하는 창고 겸 겨울날 김장할 때 전을 펼치는 장소로 쓰곤 했다. 정위 스님은 너른 지하실을 놀리는 것이 아까워 오래전부터 어찌할까 궁리를 하다가 문화 공간으로 만들었다. 길상사 지대방은 커피와 차를 마시는 카페이자 문화에 관심이 있는 사람이면 신도가 아니더라도 할머니, 아줌마, 대학생 등 누구나 들를 수 있는 말 그대로 문화 공간이다. 스님은 지대방 공간의 콘셉트며 인테리어, 메뉴, 오픈 초대장까지 모든 기획을 도맡으셨다. 옛 물건을 살려 쓰되 현대적 쓰임과 디자인으로 매치해 요소요소 재밌는 볼거리가 숨어 있다.

'지대방'이라는 이름은 본래 절에서 스님들이 떨어진 옷을 깁고, 차도 마시고, 이야기도 나누는 휴식 공간을 이른다. 수행을 하는 큰방에서는 묵언해야 하지만 지대방에서는 잠시 쉬며 이야기꽃을 피울 수 있다. 같은 이름을 붙인 길상사 지대방에서 정위 스님은 작가를 섭외해 전시를 하고, 공연이나 문화 강좌도 마련한다. 가을밤의 인도 음악회나 봄날의 <오색실 꽃길 따라> 꽃자수 전시, 여름의 살림을 위한 <맑고 시원한 백자> 전시 등 스님의 기획은 세심하고 다정하다.

지대방은 우리 문화에 관심이 많고, 오래된 물건을 귀히 여기는 정위 스님이 30여 년 넘게 오며 가며 구해 온 것들로 채워졌다. 20여 년 전 법당을 마련하고 남은 물건들도 간직했다가 활용하였다. 이 공간은 휘 둘러보면 오래된 물건이 눈에 들어오고, 찬찬히 둘러보면 스님의 위트 넘치는 아이디어가 돋보인다. 공간 한구석에 대웅전 기둥이 나무처럼 2개 서 있는데, 여기에는 "뿌리가 없는 중생이오니 건드리지 마소서"라는 메모가 깜찍하게 붙어 있다. 어느 절을 해체할 때 얻어 온 난간은 공간을 분할하는 데 쓰기도 했는데 그 안에 앉으면 마치 누각에 올라앉은 느낌이다. 어느 칸에는 대나무 살 테이블이 놓여 있다. 이는 강원도 지방에서 설거지한 그릇을 올려 물기를 빼던 선반이라며, 스님은 옛사람들의 지혜로움에 거듭 감탄하셨다. 도넛 모양의 우물 전돌을 테이블로 쓰기도 하고, 십장생이 새겨진 곱돌화로는 전기를 연결해 전기 화로로 개조해 겨울이면 불을 넣는다. 지대방 구석구석을 한 걸음 다가가 들여다보면 깜찍한 볼거리가 많다. 주방에 놓인 2개의 싱크 볼에는 '물가'에 앉아 우물을 구경 하는 새 한 마리와 한 발을 '싱크 볼 연못'에 담근 청개구리 한 마리가 숨어 있다. 중앙에 놓인 기다란 벤치 다리에는 나뭇가지가 둘러져 있고, 가지 위에 새 한 마리가 지저귀듯 앉아 있다. 삼청동에서 쇠 작업 하는 '태권브이'라는 분에게 스님이 일일이 부탁해 만든 것이라고 하는데 작은 것 하나하나 사랑스럽다.

주방은 벽돌을 쌓고 나무 판재를 올려 아일랜드 조리대를 마련했다. 이 조리대는 주방과 홀을 구분하는 파티션도 된다. 조리대 밖으로 보이는 면에는 몬드리안의 작품처럼 색색의 크고 작은 네모를 장식했다. 지대방 공사를 하고 남은 나무토막들을 조각 천으로 감싸 색과 비례를 맞춰 붙인 것이다. 조리대 앞쪽을 이렇게 꾸민 이유가 있다. 나무와 철로 되어 느긋하고 편안한 공간에 색감을 더해 산뜻한 느낌을 주려는 의도다. 조리대 위에는 전등이 하나 있는데 조명 역할이 아니라 그저 못을 박아 걸어둔 장식용 소품이라는 스님 말씀에 깜짝 놀랐다. 조리대가 수평으로 길어서 수직선을 하나 내려본 것이라는 설명이다. 그러고 보니 인테리어 디자이너나 스타일리스트가 허전한 곳에 오브제를 두어 데커레이션을 마무리하는 것과 같은 룰이다. 가짜 전등을 매달아 이런 효과를 낸 정위 스님을 앞으로 '디자이너 스님'이라고 불러야 할 것 같다.

더치 커피로 만드는
커피빙설

카페 '지대방'에서 판매하는 메뉴는 공간처럼 세심하고 특별하다. 사찰에 녹차가 아닌 커피가 주메뉴인 것이 신선했는데 스님이 커피를 배우셨기에 직접 내려주시기도 한다. 정위 스님네 더치 커피는 시중에 더치 커피가 유행하기 훨씬 전인 10년 전부터 있던 메뉴다. 알려졌다시피 더치 커피는 유리관을 타고 2초에 한 방울씩 똑똑 떨어진 커피 방울을 모아, 커피 스무 잔을 만들려면 8~12시간이 필요하다. 이렇게 우려내면 진하지만 탁하지 않다. 스님은 더치 커피를 혀에 닿는 느낌이 매끄럽다고 표현하신다. 지대방에서는 여름이면 더치 커피를 기본으로 팥을 얹어 커피빙설을 낸다.

나래 스님, 빙설이 뭐예요?
스님 빙수보다 얼음 부스러기가 굵은 걸 저는 그리 불렀는데, 요즘은 고운 팥빙설도 있더군요. 커피빙설에 들어가는 팥은 단팥죽 팥과 다르게 삶아요.
나래 팥 삶는 법도 여러 방법이 있군요.
스님 팥을 씻어 센 불에 삶다가 찬물로 한 번 헹궈요. 다시 물을 붓고 뭉근히 끓이면서 팥에 따라 물양을 조절합니다.
나래 팥마다 물양이 달라져요?
스님 묵은 팥은 물이 더 필요하지요. 묵은 쌀로 밥할 때 물양이 많아지고, 햅쌀은 물을 적게 붓는 것처럼요. 팥알이 터지지 않고 무를 정도로만 삶아요. 그리고 팥양의 70% 정도 설탕을 넣고 삶다가 물엿을 넣고 저어요. 마지막에 소금을 약간 넣습니다.

나래 단맛이 올라오라고 소금을 넣는 거지요?
스님 저도 우리 커피 선생님한테 그렇다고 들었습니다. 식혀서 냉장고에 하룻밤 두었다가 커피빙설에 올려 내면 됩니다.

미묘하고 복잡한 팥 삶는 레시피를 열심히 받아 적다가 지대방에 와서 먹으면 된다는 것을 깨닫고 마음이 가벼워졌다. 보드라운 팥알이 살아 있는 커피빙설은 더치 커피를 넣어서인지 맛이 깔끔하다. 정위 스님께 지대방에 오면 또 무엇을 먹을 수 있냐고 했더니 그때그때 다르다며, 조만간 지대방의 문화 강좌로 커피 수업도 열 생각이니 오라고 하셨다. 스님의 커피 스승은 양산에 계시는 조수제 선생님이다. 이 커피빙설 레시피도 선생님에게 배운 것. 집에 와서 찾아보니 <커피수첩>이라는 책에 조수제 선생님과 정위 스님의 커피가 모두 '커피의 명가'로 소개되어 있었다. 그동안 길상사에 올 때마다 정말 맛있는 커피를 마셨던 것! 월간지 <레몬트리>에서 '정위 스님의 가벼운 밥상' 칼럼을 연재할 때 주변에서 길상사 취재 갈 때 동행하겠다는 지인이 여럿 있어 순서를 두고 고민했는데 이제 누구든 부담 없이 길상사에 들를 수 있게 되어 한짐 덜었다.

재료(1인분)

팥빙수용 삶은 팥 200g,
더치 커피 100ml,
얼음·연유 적당량
* 팥 삶기: 팥 500g, 물 3~4L,
설탕 350g, 물엿 100ml,
소금 1작은술

만들기

1. 팥은 흐르는 물에 씻어 물기를 뺀 후 냄비에 담고 잠기도록 물을 부어 센 불로 한 번 삶는다.
2. 삶은 팥을 찬물로 헹군 후 다시 물을 붓고 중간 불로 뭉근히 끓인다. 이때 팥알이 터지지 않고 무를 정도로 삶는다.
3. ②에 설탕을 넣고 삶다가 마지막에 물엿을 넣고 잘 섞은 후 소금을 넣는다.
4. 식혔다가 냉장고에 하룻밤 둔다.
5. 얼음을 빙수기나 믹서에 간다. 그릇에 얼음을 담고 더치 커피를 부은 후 ④의 팥을 올리고, 연유를 듬뿍 뿌린다.

콩알만 한 물건의
쓸모를 찾아주다

길상사에 가면 짧다면 짧은 한 달 사이에도 뭔가 달라져 있다. 마당과 뒷동산의 초목은 절로 변해 계절을 느끼게 하고, 앞마당에 내앉은 살림살이는 때마다 아녀자들이 해야 할 일들을 넌지시 알려준다. 안으로 들어가면 정위 스님의 부지런한 손길이 닿아 여기저기 가만히 숨어 있던 물건들이 새로 눈에 띄어 흥미롭다.

오늘은 앞마당 자배기와 돌연못에 연꽃과 개구리밥이 한가득 등장했다. 개구리밥의 맑은 연둣빛이 참 청아하다. 가만 들여다보니 연 줄기에 엄지손톱만 한 청개구리가 찰싹 붙어 있다. 근 20년 만에 보는 청개구리! 줄기와 동색이라 눈을 씻고 가만히 봐야 들어온다. 절 안으로 들어가니 선반에 딱 그 개구리 한 것이 하나 있다. 가까이 가서 보니 손톱만 한 부엉이다. 기자는 오늘 처음 봤는데 스님은 본래 그 자리에 있던 것이라며 표정이 순진한 부엉이라고 소개하신다.

스님은 물건 제자리 찾아주기 선수다. 제자리란 어울리는 자리를 말한다. 분명 자상한 정위 스님이 부엉이를 살피며 여기저기 재보다가 작은 턱 위에 제자리를 잡아주신 것일 게다. 손톱만 한 부엉이에 눈을 뜨고 나니 장식용인 듯 보이는 주먹만 한 작은 단지와 주전자, 손바닥보다도 작은 나무 액자, 인형 방석처럼 조그마한 쿠션에 수를 놓은 책상다리 받침, 티스푼보다 더 작은 숟가락 등 그간 스쳐 봤던 콩알만 한 것들이 눈에 들어온다.

"이렇게 작디작은 것들은 어디서 구하셨어요?"
"몇십 년 동안 오며 가며 생겼지요. 조그마한 것들이 귀엽고 재밌어 모아지면

전시를 한번 할까 했는데 잘 안 모이더라고요. 큰 것은 관심을 가지지만 작은 것들은 관심 밖이잖아요. 그래서 작은 것이 더 소중하지 않나 싶기도 하고, 그래서인지 오히려 정이 가더라고요."
이런 물건들을 골라 모을 때 기준이 있는지 물으니 쓰임이라고 답하신다. 당신의 골동 취향은 쓸모라며, 꼬마들 소꿉장난 도구처럼 앙증맞은 것들은 대부분 사용하시는 거라 한다. 주먹만 한 단지는 차를 담아두는 것이고, 한 손에 쏙 들어오는 찻주전자는 장식용이 아니냐는 물음이 무색하게 세 잔이나 나와 홀로 차 마실 때도 쓰고, 판에 다리가 붙어 있어 미니 도마인가 했던 것은 목제기인데 다식이나 떡을 올려 다과상에 내고, 티스푼보다 더 작은 칠보 숟가락은 양념장 종지에 걸쳐 상에 올린다. 십자수가 놓인 책갈피만 한 천 조각은 그릇 선반에 장식 삼아 꽂아두거나 찻잔 받침으로 쓰고, 손바닥보다 더 작은 액자는 본래 받침이 없었는데 스님이 직접 받침 모양을 종이에 그려서 나무로 맞춰다가 괴어 액자의 본분을 하도록 했다. 스님은 이렇게 절대적인 크기가 조막만 한 것들뿐 아니라 여러 종류 중에서도 작은 것을 좋아하신다. 스님이 '삼월이 물동이'라고 부르며 애정을 보이는 옹기 물동이가 있는데, 참말로 아낙들이 쓰던 것의 절반 사이즈다. 열 살 꼬맹이가 지고 다녔을 법한 아담한 사이즈. 아이의 팔이 짧으니 머리에 이고 잡는 손잡이도 아래쪽에 달려 있다며 참 귀여워

하신다. 이 삼월이 물동이는 이 꽃 저 풀 꽃는 꽃병으로 두루두루 쓰신다.

물건 중에는 도무지 뜯어봐도 용도를 알 수 없는 것들도 있다. 방 한편에 손바닥만 한 쿠션 같은 것에 고운 수가 놓여 있기에 바늘방석인가 했던 것은 옛사람들이 쓰던 책상 다리받침이다. 아기 거즈 손수건보다 작은 무명 조각에는 꼼지락거릴 듯 앙증맞은 씨 뿌리는 아낙, 물 긷는 소년 등이 십자수로 놓여 있다. 기자가 감탄하니 스님은 알아보는 눈을 무척 반가워하시며 길 가다가 손가락보다 더 작게 사람을 수놓은 것이 하도 애교스러워 주머니를 털어 얼른 가져왔노라 하신다. 책상 받침도, 무명 수건도 꽤 오래된 것인데 얼룩도 없이 새하얗다고 놀라워했더니 길상사에 온 뒤로 비벼 삶아 때깔을 냈다고 한다. 요즘 사람들은 새 옷도 삶을 겨를이 없는데 참으로 정성이다. 서랍 속에서 꺼내 보여준 바늘꽂이와 바늘집도 재밌다. 바늘꽂이는 몽골 아가씨에게 선물받은 것인데 들여다보니 변발한 사람들이 손에 손을 잡고 둥글게 바늘꽂이를 감싸고 앉아 있다. 네모나게 생긴 것은 바늘꽂이가 아니라 바늘집이다. 아래 끈을 당겨 열고 닫으며 바늘이 녹 나지 말라고 솜 대신 머리카락을 채워 넣은 것이 지혜롭다고 칭찬한다. 주방에 걸려 있는 대나무 자루 달린 소쿠리는 국수 씻어 건지던 것인데 손잡이와 소쿠리가 이어지는 부분부터 대나무를 반으로 갈라 함께 잡아 소쿠리를 짜서 튼튼하게 만들었다고 내구성을 생각한 아이디어를 높이 사신다. 부엌에 정리해둔 목기 중에 제기치고는 너무 장난스럽다 싶은 것이 눈에 띄었다. 스님은 삐뚤삐뚤 볼품없는 제기를 '흥부네 제기'라는 애칭으로 부른다며, 지인이 우습다며 준 것인데 마음에 쏙 들어 다른 물건은 주변 사람들에게 더러 주지만 이것만은 아무리 졸라도 안 내준다며 애정을 과시한다. 없는 살림에 제사는 지내야 하니 솜씨 없는 아비가 나무를 잘라 툭툭 만들었을 것이 분명하니 그 마음이 느껴져서 정이 간다고 하신다. 그 말에 듣는 이도 사뭇 감상에 젖는다.

스님은 참 자상도 하시다. 콩알만 한 부엉이의 표정도 살피고, 소쿠리 엮는 방법도 알아차리고, 놋쇠 숟가락 자루에 새겨진 다 닳은 꽃문양도 찾아내고, 액자에 받침을 맞춰 쓸모를 찾아주기도 한다. 스님은 똑 떨어지고 반듯한 것보다 툴툴하고 뭉실뭉실 모나지 않은 모양새가 당신의 취향이라고 덧붙이신다. 그런 선택 기준 때문에 스님이 소장한 찻잔이나 그릇, 장식품을 보고 있으면 푸근하고 다정한 느낌이 든다. 오래된 것을 살피고, 닦아 간수하는 그 정성, 뭐든 소중히 여기기에 가능한 일이다.

입맛 없는 여름을 위한
장아찌 3종

모시옷 내서 풀 먹이고, 베갯잇도 삼베로 갈고, 그릇도 바꾸며 정위 스님은 여름 날 채비를 시작한다. 풀 먹이는 이야기가 나와서 고백하건대, 기자는 더위를 심하게 타는 남편 때문에 지난여름 침대 매트리스 위에 덧씌우는 삼베 패드를 맞췄다. 그런데 빨 때마다 우글우글해지는 것이 못마땅하던 참이었다. 다행히 덮는 이불이 아니라 고무줄을 끼워 팽팽히 씌우는 것이라 감히 풀은 못 하고 그냥저냥 지내고 있었다. 빳빳하던 때보다는 덜 시원한지 남편은 어쩐지 처음 샀을 때보다 더운 것 같다 했지만 날이 더 더워져서 그런 게 아니겠냐며 둘러댔다. 스님은 풀 먹이는 것이 날만 쨍하면 일도 아니라고 했지만 아무리 설명을 들어도 엄두가 나지 않았다.
스님의 여름 채비 중 겨우내 쓰던 놋그릇을 청량해 보이는 흰 도자기 그릇으로 바꾸신다니 이 정도만 따라 해봐야지 싶다가 스님이 만들어주신 여름 밑반찬을 맛보고 나니 하고 싶은 게 생겼다. 입맛 없는 여름에 짭조름한 김장아찌와 새송이버섯장아찌. 옆에서 만드시는 것을 보니 그리 어렵지 않아 이번 여름에는 이것도 해봐야지 했다.

스님 김장아찌는 지금 만들어서 가을에 햇김 날 때까지 두고 먹어요. 김은 톡톡한 것으로 사세요.
나래 파래김으로 해도 돼요?
스님 파래김은 힘이 없어 늘어집니다. 저는 김밥 싸는 김 달라 했습니다. 김은 십자로 잘라 4등분합니다. 잣은 칼등으로 다지고, 실고추는 손가락 마디만 하게 대강 끊어둡니다.

나래 고춧가루는 안 넣어요?

스님 고추장을 넣으면 텁텁하고 고춧가루는 지저분해서 저는 실고추만 사용하지요. 이제 양념장을 만드세요. 냄비에 물, 진간장, 조청, 설탕을 넣고 저어가며 바글바글 끓여요.

나래 생각보다 물을 많이 넣네요.

스님 마른 김이 양념장을 듬뿍 먹기 때문에 싱겁게 해야 간이 맞습니다. 양념장은 5분 정도 끓인 뒤 불을 끄고 식힌 후 참기름, 통깨, 후춧가루를 넣으세요.

나래 5분이나 끓여요?

스님 물이 들어갔으니 그 정도는 끓여야 안 상합니다. 끓인 양념장은 반드시 식혀서 부으세요.

나래 왜요?

스님 뜨거운 것을 부으면 김이 바짝 오그라듭니다. 식힌 양념장에 실고추와 다진 잣을 넣고 섞은 뒤 잘라둔 김에 부어가며 재웁니다. 이때 양념장에 넣는 실고추와 다진 잣은 일단 반만 넣습니다. 김을 양념에 재우다가 김이 반쯤 남았을 때 나머지 실고추와 잣을 양념장에 섞어요.

나래 그건 또 왜 그러시는 거예요?

스님 잣과 실고추는 양념장 위에 둥둥 떠서 처음부터 다 넣으면 마지막에는 간장 국물만 남기 때문이지요.

나래 양념 국물이 꽤 많은데요?

스님 국물이 많다 싶어도 김이 싹 먹어요. 그래서 처음에는 흥건해야 하지요. 김을 대여섯 장씩 잡아서 양념장이 고루 배도록 넉넉히 부으세요.

나래 생각보다 간단하네요.

스님 자, 이번엔 우리 집 여름 단골 반찬인 초생강입니다. 초생강은 특유의 개운한 맛이 나 김밥, 주먹밥에 곁들이면 좋아요. 우리 집에서는 반찬으로도 먹어요. 생강은 자잘한 것보다는 굵은 것을 고르세요.

나래 왜 큰 것을 골라요?

스님 알이 굵어야 저몄을 때 지저분하지 않습니다. 생강은 씻어서 껍질을 까고 얇게 저며요.

나래 스님, 생강은 원래 가을에 나는 거 아니에요?

스님 가을에 햇생강이 나지요. 사실, 여름보다는 가을에 햇생강 날 때 만들면 생강에 심이 없어 부드럽습니다. 가을에 만들어서 여름까지 두고 먹어도 끄떡 없습니다. 양재기에 저민 생강과 설탕을 켜켜이 넣고 식초를 뿌려둡니다. 설탕이 생강의 아린 맛을 없애주지요. 마지막에 소금을 약간 넣어요.

나래 소금도 넣어요?

스님 단촛물 만들 때도 소금을 약간 넣고, 떡을 할 때도 소금을 아주 조금 넣어서 단맛을 올리는 것과 같아요. 매실액을 넣으면 맛이 부드러워지는데 안 넣어도 크게 상관없습니다.

나래 새송이버섯은 굵은데 안 자르고 그냥 하네요?

스님 반으로 갈라 장아찌를 담그면 간장이 많이 스며들어 짜지기 때문에 오히려 통으로 씁니다. 물, 진간장, 설탕을 섞어 바글바글 끓이다가 불을 줄여 4~5분 더 끓이세요.

나래 김장아찌할 때처럼 물이 들어갔기 때문에 오래 끓이는 것이지요?

스님 그렇지요. 불을 끄고 식초를 넣습니다. 단지에 새송이버섯을 담고 양념장을 부어요.

나래 식혀서 부어요?

스님 이번엔 뜨거울 때 부어요. 그래야 맛이 더 잘 스밉니다. 오이지 담글 때도 뜨거운 것을 붓는데, 그래야 맛도 잘 들고 더 아삭아삭하다고 합니다.

나래 그런데 양념 국물이 적은 거 아닌가요? 새송이버섯이 채 잠기지 않네요.

스님 새송이버섯은 국물이 적은 듯해도 버섯에서 수분이 나오기 때문에 괜찮습니다. 김과는 반대지요. 양념장을 붓고 뚜껑 덮어 2~3일 두었다가 양념장 국물만 따라내어 냄비에 팔팔 끓여 완전히 식혀서 다시 부어요. 오래 두고 먹으려면 며칠 두었다가 이 과정을 한 번 더 반복합니다.

나래 두 번째는 식혀요?

스님 네. 새송이버섯에 이미 간이 배서 뜨거운 걸 부으면 흐물흐물해집니다.

김장아찌는 담그자마자 바로 먹어도 되고, 새송이버섯은 맛이 들게 3일 정도 두었다가 손으로 쭉쭉 찢어 밥상에 낸다. 초생강은 냉장고에 2~3주 정도 두면 달콤새콤하면서 개운한 맛이 나 입맛 없을 때 좋다. 게다가 2년을 두고 먹어도 끄떡없는 저장 반찬이다. 그간 길상사의 김장아찌를 맛본 사람들이 김이 흐물흐물 풀리지 않아 신기하다고 했는데 그 비밀은 조청과 참기름이었다. 이렇게 만든 김장아찌는 네모진 모양새가 단정해 손님상에 내기도 좋다.

김장아찌

재료
김 1톳, 잣 1/4컵,
참기름 2큰술,
실고추·통깨·후춧가루 약간씩
* 양념장: 물 2컵, 진간장 4컵,
조청 1컵, 설탕 2½큰술

만들기
1 김은 십자로 잘라 4등분한다.
2 잣은 도마에 종이 타월을 깔고 칼등으로 다지고, 실고추는 길이 3cm 정도로 대강 자른다.
3 냄비에 분량의 양념 재료를 넣고 저어가며 5분 정도 바글바글 끓인다. 불을 끄고 참기름, 통깨, 후춧가루를 넣은 후 식힌다.
4 양념장에 ②의 잣과 실고추의 절반 분량을 넣는다.
5 ①의 김을 3~4장씩 넣고 숟가락으로 양념장을 끼얹는다. 김을 반쯤 재운 후 나머지 잣과 실고추를 넣고 양념해 상에 낸다.

Tip 양념장은 넉넉히 준비하고, 짭조름하면서 단맛이 나게 간을 맞춘다.

초생강

재료 생강(굵은 것) 800g, 설탕(수북하게)·식초 1컵씩, 소금 1작은술, 매실액 3큰술

1. 생강은 굵은 것으로 골라 저민다.
2. 볼에 저민 생강과 설탕을 켜켜이 넣고, 매실액을 넣는다. 마지막에 식초를 뿌리고, 소금을 넣은 다음 냉장고에 2~3주 두었다가 먹는다.

Tip 초생강은 가을 햇생강으로 담그면 심이 없어 더 맛있다. 김밥이나 초밥에 곁들이면 좋다.

새송이버섯장아찌

재료 새송이버섯 800g, 물 1/2컵, 진간장 2컵, 설탕 2큰술, 2배식초 1/2컵

1. 새송이버섯은 젖은 종이 타월로 먼지를 대강 닦는다.
2. 냄비에 물, 진간장, 설탕을 넣고 끓인다. 바글바글 끓으면 불을 줄여 4~5분 정도 더 끓인 후 불을 끄고 식초를 넣는다.
3. 단지에 새송이버섯을 담고 ②의 양념장을 넣는다. 식히지 않고 부어도 된다. 2~3일 두었다가 양념장만 냄비에 부어 끓여 식힌 후 다시 붓는다.

Tip 새송이버섯은 양념장이 잘 스며들기 때문에 자르지 말고 통으로 장아찌를 담가야 짜지 않다.

두고 먹어도 좋은
여름 밑반찬

장아찌를 배우며 이렇게 만들기 쉬운 반찬이 있냐며, 이번 여름은 더위를 핑계로 외식하기는 아예 글렀다고 하니 스님이 정말 쉬운 '조림 3종 세트'도 알려주신다. 콩나물조림, 머윗대조림, 우엉조림이다. 한번 만들어 냉장고에 두고 먹어도 맛이 괜찮다고 한다. 장아찌에 밑반찬 만들어두면 더운 여름 불 앞에 덜 서도 된다.

스님 콩나물, 머윗대, 우엉 모두 식용유를 넣어 각각 볶다가 진간장, 물엿 넣고 조려서 마지막에 설탕 1~2큰술 넣어요.
나래 다 똑같아요?
스님 네, 넣는 양념은 같고 재료에 따라 들어가는 양이 조금씩 달라지지요. 머윗대는 삶아서 껍질을 까요.
나래 어머, 어렵네요.
스님 삶은 것 사면 껍질도 다 까져 있습니다.(웃음) 시장 가면 삶아서 팔아요. 대가 길면 4등분하고, 짧으면 반으로 잘라 5~6센티미터 정도로 길이를 맞춰요. 콩나물은 씻어서 물을 조금 붓고 소금을 뿌려 삶아요. 살캉하게 데치세요.
나래 너무 많이 삶지 말라는 거죠?
스님 무르게 삶으면 조렸을 때 질깁니다. 콩나물 삶은 물은 버리세요.
나래 물하고 소금은 얼마큼씩 넣어요?
스님 물은 냄비 바닥에 깔릴 정도고, 소금은 대강 넣으세요. 소금은 간하려고 넣는 것이 아니라 콩나물 수분을 좀 빼려는 것입니다. 우엉은 껍질을 까서 어슷하게 썰어요.
나래 채 안 썰고요?
스님 채 썰기가 쉽지도 않고, 김밥에 넣을 것도 아니니 굳이 그럴 필요 없지요. 이제 하나씩 양념 넣어가며 조리면 됩니다.
나래 스님, 우엉은 안 데쳐요?
스님 데쳐서들 한다는데 저는 향이 날아가서 오히려 별로인 것 같아 그대로 합니다. 그리고 우엉조림은 너무 오래 조리지 않아야 특유의 풍미가 더해지기도 해요. 콩나물, 우엉, 머윗대는 각각 냄비에 담고 식용유를 넣어 센 불에서 볶아요.
나래 식용유를 꽤 붓네요?
스님 넉넉히 부어야 윤기가 있고 매끈합니다. 볶을 때는 불 앞에 내내 서 있을 것 없이 가끔 뒤적거려도 됩니다. 이렇게 볶다가 진간장을 넣습니다.
나래 얼마나 넣어요?
스님 집집마다 다르지요. 사돈네 오이 먹는 법도 다르다고 하지 않습니까. 다만 처음부터 진간장을 양껏 부으면 조리면서 짜질 수 있으니 두세 번에 나눠 넣어요.
나래 왜 나눠 넣어요?
스님 싱거우면 더 넣으면 되지만 짜면 낭패잖아요. 그리고 재료를 냄비 가운데 산처럼 모으지 말아요.
나래 왜요?
스님 양념이 잘 안 배요. 수분이 날아가 재료가 쪼그라들면 물엿을 역시 세 번에 나누어 넣어요.
나래 이번에도 간을 맞추려고 그러는 거지요?
스님 네, 간간이 집어 먹어보며 간을 조절하면서요. 이렇게 볶다가 재료 부피가 반으로 줄면 마지막에 불을 줄이고 설탕을 1~2스푼 넣습니다.
나래 설탕은 왜 마지막에 넣어요?
스님 미리 넣으면 끈적끈적해지면서 눌을 수 있으니까요.
나래 그런데 물엿도 들어가는데 꼭 설탕을 넣어야 해요?
스님 설탕을 넣으면 좀 꼬들꼬들한 식감이 생겨요.
나래 콩나물은 10분의 1로 쪼그라들었네요. 한 봉지 볶았는데 한 줌이에요.
스님 그리고 간장 양념을 너무 졸이지 말아요. 국물을 넉넉하게 남겨두면 조림이 쉽게 마르지 않고, 맛이 없어졌을 때 다시 볶기도 좋아요. 통깨와 다진 잣을 올려 먹습니다. 특히 우엉에는 다진 잣이 어울립니다.

"조림은 보름 넘게 두고 먹어도 됩니다. 애초에 작은 용기에 나눠 담아두면 맛이 오래가지요. 열고 닫고, 뒤적이지 않아 그런 것 같습니다. 이 간장조림은 덥고 입맛 없는 여름, 찬밥에 물 말아 곁들이면 가장 맛있습니다. 상추쌈에 한 젓가락씩 올려 먹으면 쫄깃한 맛 때문인지 사람들이 별스럽게 좋아합니다."
'쪼그랑망태'가 된 콩나물조림은 눈 감고 먹으면 오징어라 해도 믿을 예상 밖의 맛이다. 초파일처럼 큰 행사 때 콩나물무침에 질려 해 먹는, 본래 절 음식인데 요즘은 절에서도 흔치 않아 상에 내면 스님들도 "이런 걸 다 했네"라는 반응이라고 한다. 스님의 간장조림은 재료도, 손질도, 양념도, 과정도 매우 단순하다. 스님이 장아찌에 곁다리로 알려준 메뉴는 여태껏 배운 것 중 최고로 간단해 올해는 여름 밥상을 위해 별다른 궁리를 안 해도 될 것 같다.

콩나물조림

재료 콩나물 600g, 식용유·설탕 1큰술씩, 진간장 4~5큰술, 물엿 3큰술, 통깨 1/2작은술, 소금 약간

1. 콩나물은 씻어 물기를 뺀 후 끓는 물에 소금을 넣고 살짝 데친다.
2. 냄비에 식용유를 두르고 센 불에 볶다가 진간장을 넣고, 콩나물이 쪼그라들면 물엿을 넣는다.
3. 콩나물양이 반으로 줄면 불을 줄이고 설탕을 넣고 저어가며 볶는다.

머윗대조림

재료 삶은 머윗대 600g, 식용유 1½큰술, 진간장 6큰술, 물엿 3큰술, 설탕 2큰술, 잣 15알 정도

1. 삶은 머윗대는 먹기 좋은 크기로 자른다.
2. 냄비에 식용유를 두르고 센 불에 볶다가 진간장, 물엿 순으로 넣어가며 볶는다. 마지막에 불을 줄이고 설탕을 넣어 볶는다.
3. 잣은 칼등으로 다져 머윗대조림에 뿌려 상에 낸다.

Tip 마트에 가면 삶아서 껍질을 벗겨놓은 머윗대를 구할 수 있다.

우엉조림

재료 우엉 600g, 식용유 1½큰술, 진간장 6큰술, 물엿 3큰술, 설탕 2큰술, 잣 15알 정도

1. 우엉은 껍질을 벗기고 어슷하게 썬다.
2. 냄비에 식용유를 두르고 센 불에 볶다가 진간장, 물엿 순으로 넣어가며 볶는다. 마지막에 불을 줄이고 설탕을 넣어 볶는다.
3. 잣은 칼등으로 다져 우엉조림에 뿌려 상에 낸다.

쨍하게 개운한
오이냉면, 열무냉면

여름의 문턱, 기자는 뒷동산을 구경한 후 길상사 하객(夏客)들이 기다린다는, 입안이 화하게 쨍한 비빔냉면을 맛보았다.

스님 우리 집 여름 메뉴는 오이냉면과 열무냉면입니다. 오이냉면은 맑은 맛이고, 열무냉면은 개운합니다. 일단 오이는 얇고 길게 썰어서 절여놓으세요.
나래 채 썰어요?
스님 아뇨, 반달썰기를 길게 하는 느낌으로 썰어요. 썰다가 짧은 것이 나오면 집어 먹으세요. 냉면 비빌 때 미꾸라지가 되거든요.
나래 네?
스님 비빌 때 면과 어우러지지 못하고 겉돌아서요. 오이는 새콤달콤해야 맛있어요. 안 그러면 겨자를 넣어 냉면을 비볐을 때 화하게 맵기만 합니다.
나래 그래서 스님이 늘 쓰시는 포도식초 대신 양조식초를 쓰시는 거군요.
스님 그렇습니다. 자연 발효한 것보다 양조식초가 새콤한 맛이 강합니다. 오이는 소금, 식초, 매실액을 넣고 설탕은 조금만 넣어 살짝 숨이 죽게 절여요. 고춧가루와 통깨는 냉면에 올리기 전에 넣고요.
나래 왜요?
스님 처음부터 넣으면 퉁퉁 불어요.
나래 오이 절인 물은 버리고요?
스님 그 국물 버리면 맛이 없어요. 냉면에 부어 냅니다.
나래 그런데 스님, 오이를 이렇게 많이 넣어요?

스님 1인분에 오이가 하나 넘게 들어갑니다. 면만큼 넣는다는 기분으로 듬뿍 넣지요.
나래 정말 비율이 1 대 1이 되겠는데요.
스님 우리는 백오이가 제철일 때 오이냉면을 해 먹어요. 싱싱한 오이를 많이 먹지요. 자, 오이무침을 만들어두고 면을 삶으세요.
나래 스님, 왜 오이 양념에 고추장을 안 넣어요?
스님 고추장은 텁텁해서 오이의 맑은 맛을 떨어뜨립니다.
나래 열무냉면은 어떻게 만들어요?
스님 열무김치만 있으면 일도 아니지요. 열무김치는 우리 집 뒷산 열무로 담근 거예요.
나래 김치가 달라 저희 집에서 하면 이 맛 안 나겠어요.
스님 웬걸요. 익은 열무김치로 하면 다 맛있습니다. 열무가 길면 반을 잘라 쓰고요. 고추장, 고춧가루, 참기름, 통깨, 설탕으로 양념합니다.
나래 고춧가루와 고추장의 비율은요?
스님 고춧가루를 좀 더 넣어야 칼칼해요. 참기름은 조금만 쓰세요.
나래 많이 넣으면 떡국처럼 기름이 떠요?
스님 느끼해서 개운한 맛이 덜해요. 깨는 깨소금이 아니라 통깨를 넣고요.
나래 왜요?
스님 비빔냉면에 얼음을 넣어 먹잖아요. 깨소금은 나중에 물에 뜨면 지저분합니다. 냉면 봉지에 들어 있는 '겨자기름'도 꼭 넣고요. 이제 냉면을 삶으면 됩니다. 면은 약간 덜 익었다 싶을 때 꺼내세요.
나래 덜 익었다는 것이 어느 정도인지….
스님 먹어봤을 때 약간 심이 느껴질 정도요.
나래 그런데 면은 왜 덜 삶아요?
스님 꺼내 씻는 동안에 익습니다. 면은 소쿠리에 놓고 싹싹 비벼가며 헹궈야 해요. 뿌연 물이 싹 빠져야 맑은 맛이 난대요.
나래 진짜요?
스님 전문가들이 그럽디다.(웃음) 나머지 양념은 제 맘대로입니다.
나래 하, 스님. 정말 매운데요. 굉장히 자극적이에요.
스님 더울 때 매콤하게 먹으면 정신이 바짝 나지요.
나래 냉면에 동봉된 겨자기름 맛이에요?

스님 그것도 넣고 겨자도 따로 넣습니다. 저는 연겨자보다는 더 맵고 화한 겨자분을 개서 씁니다.

무더위로 축 처지는 날 먹으면 정신이 번쩍 나는 냉면이다. 스님 말씀대로 오이를 얇게 써니 면에 착 감겨 겉돌지 않아 식감이 좋았다. 스님은 오이무침을 넉넉히 만들어 냉장고에 넣어두면 여름 반찬으로 먹기 좋다고 알려주셨다.

오이냉면

재료(4인분)
냉면 400g, 백오이 6개,
토마토 1개, 각 얼음 25개,
통깨·겨자 약간씩,
* 오이 절임양념:
고춧가루·식초 3큰술씩, 설탕
2큰술, 매실액 1큰술, 소금 약간

만들기
1 토마토는 4조각으로 슬라이스하고, 오이는 얇고 길게 반달썰기해서 분량의 절임 양념 재료를 넣어 절인다. 절인 국물은 버리지 말고 냉면에 부어 낸다.
2 끓는 물에 냉면을 넣고 삶아 찬물로 헹궈 채반에 올려 물기를 뺀다.
3 ①의 오이에 고춧가루와 통깨를 넣어 양념한다. 겨자는 취향대로 넣어 먹는다.
3 ②의 면을 그릇에 담고 ③의 오이와 토마토, 얼음을 올리고 분량의 재료로 만든 절임 양념을 붓는다.

Tip 오이 양념에 고추장을 넣으면 텁텁해진다.

열무냉면

재료(4인분)
냉면 400g,
익은 열무김치 한 사발,
고추장·설탕 1큰술씩,
고춧가루 2큰술,
통깨·참기름 적당량,
각 얼음 25개, 겨자 약간

만들기
1 열무김치는 먹기 좋은 크기로 썰어 고추장, 고춧가루, 참기름, 설탕, 통깨를 넣고 양념한다.
2 끓는 물에 냉면을 넣고 삶아 찬물로 헹궈 채반에 올려 물기를 뺀다.
3 ②의 그릇에 면을 담고 ①의 열무김치와 얼음을 올린다. 겨자는 취향대로 넣어 먹는다.

Tip 약간 맵게 양념해야 냉면 맛이 깔끔하다.

가을

스님은 크림스파게티에 김치를 넣는다. 크림스파게티는 아무리 맛있어도 한 접시를 둘이 나눠 먹으면 좋겠다 싶지 않냐며, 그래서 김치를 한 쪽 넣어볼까 생각했고, 김치를 씻어 넣으니 영색이 밋밋하여 미나리 줄기를 넣어보고, 버섯크림스파게티의 버섯은 미끌미끌해서 느끼하니 오돌오돌하면 더 낫겠다 싶어 꼬들꼬들하게 볶아서 넣어봤다고 한다. 감자와 마를 갈아 도톰하게 부치는 핫케이크도, 아삭이고추조림 와인 안주도 이렇게 어디서 먹어본 것을 바탕으로 이렇게 저렇게 해본 음식이다.

되는 대로 툭툭 내는
먹음직스러움

지대방에 들렀더니 스님이 마침 갓 뽑아온 인절미가 있다며 맛 좀 보라 하셨다. 그런데 떡을 내는 상 위에 접시 대신 사발이 올라와 있어 웬일인가 싶었다. 스님은 콩고물이 부슬부슬 묻어 있는 인절미를 오목한 대접에 담아 상 중앙에 두고, 앙증맞은 찻잔을 개인 접시 삼아 떡을 덜어 사람마다 앞에 내주셨다.
"스님, 이 그릇은 뭐예요?"
"본래 가루차를 마실 때 쓰는 다완입니다. 차 사발이지만 우리 집은 이 사발에 커피도 마시고, 물도 먹고, 지금처럼 떡도 담고, 밥도 푸지요."
사발에 물 담는 것이야 예상해봄직하지만 스님처럼 떡을 담는 것은 생소하다. 스님은 고물이 흐트러져도 접시보다 덜 지저분해 보이기 때문에 인절미를 오목한 사발에 담는 것이라 한다. 납작한 개인 접시 대신 찻잔에 덜어 내는 것도 마찬가지 이유다. 과일 중에 홍시도 오목한 그릇에 담아 내는데 떠먹기 좋고, 다 먹고 나서도 껍질이 헤벌어져 흐트러지지 않기 때문이다. 상에 오목한 사발을 올린 폼이 예뻐서가 아니라 더 세심하고 실용적인 이유였다.
손님 오셨을 때 다과상을 어찌 차리는지 물으니 손님맞이 준비는 뽀독하게 청소하는 것이고 그릇은 이래저래 쓴다 하신다. 봉긋 올라온 나무 뚜껑을 뒤집어 과일을 담아내기도 하고 함지박에 빵을, 사발에 커피를, 에스프레소 잔에 잼을, 찻잔에 단팥죽을 담거나 예쁜 상자는 간직해두었다가 쿠키를 담아내기도 한다. 초록 무성한 계절에는 아깝게 떨어진 나뭇잎을 식탁에 올리기도 한다니 두루두루 쓴다는 말씀이 맞다. 그릇의 쓰임을 정해놓거나 모양이

예쁜 것을 골라 쓰기보다 음식마다 어디에 담아야 먹기 편하고 차림이 정갈한지를 고민해 그때그때 골라 쓰시는데, 테이블 세팅만큼 스님이 내는 다과상 메뉴의 조합도 독창적이다.

스님 고물 있는 떡보다는 절편이 깔끔해 손님상에 자주 냅니다. 우리 집에서는 30년 전부터 절편을 김에 싸서 먹습니다.
나래 맨김이 아니라 조미김에 싸네요.
스님 조미김이 간간해서 심심한 절편 먹기에는 낫습니다.
나래 절편을 접시에 담을 때는 둥그렇게 둘러야 할지, 일렬로 겹쳐야 할지, 뭘 해도 밋밋해서 '진열'이 늘 고민이었는데 김으로 싸니 블랙과 화이트의 매치 때문인지 허전함이 덜하네요.
스님 김에 쌀 때는 접시에 가지런히 올려 내는 것이 단정합니다.
나래 음료는 과일차를 곁들여요?
스님 색도 곱고 향기로운 과일차를 곁들여 내곤 합니다. 꼭 과일차를 내는 것은 아니고 커피, 녹차, 모과차 다 좋습니다.
나래 떡만 담을 때는 어떻게 놓아야 하나요?
스님 떡을 오목한 사발에 담으면 별다른 솜씨가 없어도 소담하게 담긴 모습이 먹음직스럽지요. 그리고 김에 싸지 않고 낼 때는 양념을 곁들입니다.
나래 떡에 양념을요?
스님 잼이나 조청도 좋고, 진간장에 참기름 몇 방울을 떨어뜨린 양념장도 전통이 있습니다. 절집에서는 오래전부터 '진간장 참기름 양념장'에 절편 찍어 먹곤 했습니다.
나래 절편은 다완, 사과잼은 찻잔… 나름 어울리는데요.
스님 이런 질그릇에 낼 때는 버터나이프 대신 나무 숟가락이나 나무 막대가 제격입니다.

스님의 찬장에는 질박한 우리 그릇이 대부분이다. 그래서 이 그릇을 두루두루 쓰시는 모양이다. 지대방에 처음 간 날, 스님이 커피를 사발에 담아주셔서 놀란 적이 있다. 어느 외국 분이 스님의 커피를 맛보고 두 손으로 선사받는 맛이라며 감동 멘트를 했는데, 그 말을 듣고 나니 이 사발은 눈으로 보는 담음새 이상으로 머그나 커피 잔이 아닌 사발을 양손으로 잡고 마시는 경험이 특별한 감동을 주는 듯도 했다. 커피 담아내는 방법을 상세히 물으니 연한 커피는 사발에, 아메리카노보다 진하고 에스프레소보다 연한 커피는 커피 잔과 에스프레소 잔 중간 사이즈쯤 되는 녹차 잔에, 여름에는 한 손에 쏙 들어오는 작은 녹차 잔에 커피를 담고 얼음을 하나 띄워 낸다고 한다. 몇 년 전 들른 청담동의 어느 이탤리언 레스토랑에서 우리 그릇에 파스타를 담아낸 것이 떠올랐다. 스님이 질그릇을 즐겨 쓰는 이유는 특유의 투박한 맛 때문이라고 한다. 서양 식기처럼 칼로 자른 듯이 똑 떨어지는 것보다 푸근한 사발을 쓰고, 거기에 담는 음식도 푸근한 느낌을 살리신다.

스님 곡물빵은 꼭 손으로 찢어 냅니다.
나래 손으로 찢으면 지저분하지 않아요?
스님 호두, 잣 등 곡물이 들어 있는 빵을 썰면 곡물이 잘려 단면이 드러나기 때문입니다. 손으로 찢어 우묵한 그릇에 담으면 푸짐하고 자연스러운 맛이 납니다.
나래 곡물빵에 단호박죽을 곁들이세요?
스님 지대방의 가을, 겨울 메뉴인 단호박라테입니다. 우유에 찐 단호박을 으깨 넣고 끓이지요.

나래 잣과 대추말이를 올리니까 정성스러워 보여요. 잼을 찻잔에 담아내는 것도 재밌고요.
스님 우리나라 사람들은 에스프레소를 잘 안 먹지요. 이 잔은 종지 삼아 쓰면 괜찮습니다.
나래 크기도 딱 알맞네요.
스님 우리 집에서는 버섯을 찢어 과일 삼아 내기도 해요.
나래 버섯을 날것으로 먹어요?
스님 참송이버섯처럼 향이 좋은 버섯은 데치거나 구우면 향이 날아가고 식감도 질겨지지요. 버섯을 반으로 툭 잘라 손으로 찢어 볼에 담으세요.
나래 칼로 자르는 게 아니네요. 곁들이는 양념은 참기름이에요?
스님 참기름에 소금을 섞어 만드는 기름장입니다. 참기름을 너무 많이 넣지 않는 것이 포인트지요. 기름이 과하면 느끼하거든요.
나래 와, 버섯 향이 정말 좋네요.

버섯을 과일 삼아 낸다기에 다과상은 어떻게 차리는지 물어봤다. 그릇 고르는 것처럼 툭툭 잘라 내는 것 같지만 세심한 '계산'이 숨어 있다. 어느 여름날 지대방에 들렀을 때 낼 것이 아무것도 없다며 스님이 엄청 큰 토마토를 한 접시 내오셨는데, 스님 말대로 그저 토마토 한 알인데 그 차림은 크게 대접받는 기분이었다. 함지박만 한 큰 볼에 껍질을 까서 8등분한 후 모아 담은 토마토에는 말린 허브와 소금까지 톡톡 뿌려져 있었고, 다과상에 둘러앉자 손수 한 쪽씩 덜어 손님에게 내주었다. 스님은 치즈를 곁들여 내면 맛이 더 낫다고 말씀하신다.

스님 토마토는 데치지 말고 칼로 껍질을 깎아 벗기세요.
나래 토마토는 보통 데쳐서 껍질을 벗기잖아요.
스님 데치면 토마토 과육의 아삭한 식감이 사라지고 뭉근해져서 씹는 맛도 덜하지요. 요리 양념으로 쓰는 것이 아니니 데칠 필요도 없고요.
나래 데치지 않고 껍질을 깔 수 있어요?
스님 꼭지를 따고 위에서 아래로 참외 깎듯이 까요. 꼭지를 도려내면 볼에 담았을 때 얌전히 잘 서 있지요. 토마토는 작으면 6등분, 크면 8등분합니다.
나래 토마토의 5배는 되는 그릇에 담으시네요.

스님 토마토 한 알이 초라해 보일까 봐 오히려 큰 그릇을 고르는 겁니다.
나래 아, 진짜 작은 접시보다 더 그럴싸해 보이네요.
스님 타임하고 소금을 뿌리면 풍미가 좋지요.
나래 맞다. 서양 사람들은 토마토 주스에 소금 타서 먹잖아요.
스님 그렇지요. 저도 이래저래 먹어보다가 맛이 괜찮다 싶은 대로 하는 겁니다. 모차렐라 치즈를 곁들이면 깔끔하고, 저는 살구 등 과일이 섞인 치즈도 자주 내는데 달콤해서 괜찮습니다.
나래 스님, 치즈 하나 곁들였는데 굉장히 근사한 요리 같아요. 그러고 보니 모차렐라 토마토 샐러드의 변형판이네요. 그런데 스님, 저는 과일 중에서 수박하고 사과 내기가 젤 어려워요.
스님 수박은 흰 부분을 잘라내고 대강 삼각형으로 썹니다. 그야말로 대강요.
나래 제가 여름이면 다양한 수박 썰기 기사를 썼는데 정작 실전에서는 애를 먹어요. 물고기 모양, 네모 모양, 아이스크림 스쿠프로 동그랗게 파기. 이게 참 쉬운 것 같으면서도 귀찮고, 버려지는 속살도 많고….
스님 저는 정말 별거 없는데…. 흰 부분은 잘라내고 대강 삼각형으로 써는 게 다예요.
나래 세모 모양을 어찌 맞춰요?
스님 사이즈를 맞추려 애쓰지 말고 저마다 다른 세모로 툭툭 잘라 내면 됩니다. 너무 얇지 않게 썰어야 먹음직스러운 거 같습니다.
나래 아, 도톰하니까 한결 푸짐해 보여요.
스님 씨가 있는 과일이니 씨 빼서 모아둘 포크나 이쑤시개, 작은 접시를 함께 내는 게 다예요.
나래 음, 먹는 이를 배려하라는 말씀이시군요. 사과는요?
스님 사과는 4분의 1쪽을 내서 세로로 깎아요.
나래 보통 6등분하잖아요.
스님 사과는 둥근 모양이 예쁘니 좀 크게 잘라 동그란 라인을 살리려는 겁니다.
나래 그럼 먼저 깎아 잘라도 상관없잖아요.
스님 가로로 돌려 깎으면 쪽을 냈을 때 줄무늬가 많아져서 자칫 지저분해지기 쉬워요. 이렇게 깎아서 1~2쪽을 개인 접시에 담아 냅니다.
나래 등이 통통하고 동그스름하니 먹음직스럽게 보이네요.
스님 집에 쿠키가 있으면 쿠키 몇 개 함께 내고, 어떤 때는 따뜻한 차를 곁들이기도 합니다. 다만 과일에는 과일차나 향이 있는 허브차류는 그다지 어울리지 않는 것 같아요.

스님의 다과상은 섬세하다. 과일 저마다의 생김을 살피고 먹는 이를 배려해 내신다. 복숭아는 깎을 때부터 결이 예쁘게 나오도록 껍질 폭을 좁게 잡아 돌려 깎는다고 한다. 복숭아의 둥근 모양을 곱게 살리려는 것이다. 그리고 손에 잡고 돌려가며 비껴 자르지 않고 도마에 놓고 씨를 중심으로 기둥만 남게 툭툭 네 번 잘라 덩어리감 있게 모아놓으면 그나마 단정하다고 덧붙이신다. 참외는 희멀개서 사과보다 오히려 참외에 토끼 귀를 만든다. 포도는 작은 송이로 잘라 에스프레소 잔처럼 작고 오목한 그릇에 담아 개인별로 내고, 즙이 흐르는 과일은 특히 오목한 그릇에 담아 각자 준다고 하나씩 알려주셨다.
스님은 신선한 과일은 맛이 좋아 되는 대로 내도 흠 잡을 것이 없다며, 너무 줄 맞춰 재단한 듯이 자르면 불편해 보이니 당신은 그것만 주의하는 것이라 하신다. 여름에는 다과상에 작은 면 수건을 물에 적셔 냉동실에 넣었다가 함께 내면 최고의 대접이라고 팁을 덧붙이신다.

가을날 여는
포틀럭 바자 '도드리'

몇 해 전까지 10월 셋째 주 일요일이면 길상사 앞마당에서 도드리가 열렸다. 정위 스님이 길상사를 현대식 건물로 리모델링한 것을 기념하며 시작한 바자 행사다. '도드리'라는 말이 낯설어 스님께 물으니 '서로 가지고 와서 나눈다'는 뜻의 우리말이라며, 서양말로 포틀럭쯤 되지 않겠나 하신다. 포틀럭(potluck)이라는 단어를 들으니 대번에 이해가 되어 내심 부끄러웠다. 굳이 바자가 아닌 도드리라는 고어를 쓴 것으로 미루어 스님이 앞마당 잔치에서 추구하는 바를 짐작할 수 있었다.

매년 바자에 왔던 이들은 알아서 1년 동안 자기 집과 이웃의 헌 옷이나 가방, 안 쓰는 그릇을 싸 온 보따리를 주섬주섬 풀어놓는다. 무화과잼, 갓김치, 콩잎된장박이, 포도식초, 생땅콩 등 별의별 먹을거리가 풍성하다. '여수에서 박재천 씨가 직접 담근 갓김치', '보현산에서 서씨 할매가 직접 채취한 취나물과 고사리', '영천에서 3일 전에 의재 할매가 캐서 보낸 땅콩'…. 한 줄 설명에도 이야기가 담겨있다.

3년 묵은 식초, 각종 효소, 국산 재료를 고르고 골라 재래식 가마에서 구운 옹기에 묵힌 된장·고추장…. 어느 할머니는 강화도에서 아들이 잡고 며느리가 담근 새우젓을 들고 나왔다. 어떤 부인은 보아하니 자세히 들여다보지도 않고 그 자리에서 물건을 3~4개씩 산다. 매해 가을 '도드리 단골'이다. 갓김치와 무말랭이 사려고 1년을 벼른 아주머니도 있다. 매년 챙겨 오는 사람들, 친구가 친구를, 시어머니가 며느리를 데리고 찾아와 해를 거듭할수록 작은 마당이 북적인다. 주재료는 물론 양념까지 전부 국산, 만드는 과정도 믿을 수 있는

식품이 많은데 "정위 스님의 오디션을 통과해야 여기 식품을 내놓을 수 있다"는 어느 분의 말에서 품질을 짐작할 수 있다. 정위 스님에게 스님의 오디션 운운하니 "물건 보내는 이들이 나보다 더 정확한 사람들"이라고 대꾸하신다.

소품과 헌 옷 코너 옆에는 자잘한 소품을 진열한 '공짜로 가져가는 물건' 코너도 있다. 이곳은 단연 빈손의 꼬맹이들에게 인기다. 음식이 있는 왼쪽 귀퉁이에는 멍석을 깔아 앉을 자리를 마련하고, 동네 잔치인 만큼 절집에서는 볼 수 없는 어묵 국물을 끓이고, 부침개는 기름내를 풍기고, 인헌동에서 제일 맛있는 동네 떡집에서 주문한 포장 떡도 팔아 쇼핑객들의 궁금한 입에 대비했다. 학교 운동장보다 턱없이 작은 앞마당을 참으로 알차게 채웠다 싶어 스님에게 행사 준비 노하우를 물으니 지대방을 여느라 도무지 신경을 못 썼다며, 여느 해에는 훨씬 풍성하고 해 질 무렵 작은 음악회도 연다며 올해가 가장 별로라고 거듭거듭 말씀하신다. 그래도 일주일 내내 바쁘셨겠다고 하니 "무말랭이는 작년 가을부터 준비해야 내놓아요" 하신다. 밑반찬 중에는 길상사에서 만들어 내놓은 것도 있는데 가죽나물 장아찌 등은 봄에 담가둬야 하고, 무말랭이는 1년을 묵혀야 제맛이 난다는 것. 이렇게 정성 들인 잔치에서 기자는 포도식초, 도라지효소, 갓김치, 밑반찬 등을 가득 사서 뿌듯한 마음으로 집에 돌아왔던 기억이 있다. 몇 년간 휴장 중인 도드리가 기다려진다.

아이 살결처럼 뽀얀
땅콩죽

스님의 땅콩죽은 시중에서는 구하기 힘든 생땅콩으로 만드는데 땅콩죽을 맛보고 나니 도드리 날 생땅콩을 사지 않은 것이 후회되었다. 도드리 날 판 '의재 할매가 3일 전에 캔 땅콩'을 삶아 시식하게 해주셨는데 바로 그 땅콩이다. 스님은 땅콩은 볶는 것보다 생것을 삶아 먹는 것이 제맛이라고 하셨는데 고소한 땅콩에, 심지어 '꿀땅콩'에 익숙한 기자는 삶은 땅콩이 담백하긴 했으나 왠지 맹맹했다. 태닝한 땅콩만 보다가 땅콩의 본디 속살을 보니 어찌 그렇게 뽀얀지, 아기 살결보다 더 뽀얗고 통통해 신기했다.

스님 생땅콩을 전날 밤에 물에 담가 불려두세요. 겉껍질째로 물에 담가두면 돼요. 쌀은 박박 씻어 냄비에 물을 붓고 끓여요. 땅콩은 나중에 넣을 거예요.
나래 쌀은 미리 안 불려도 돼요?
스님 불리지 않고 했을 때 더 고소한 것 같더라고요. 보통 죽 끓일 때 물을 6배 비율로 넣는데 땅콩이 들어가면 되직해지니까 1 대 7로 넉넉히 넣어요. 이때 참기름을 몇 방울 떨어뜨려요.
나래 이번엔 참기름을 미리 떨어뜨려요?
스님 쌀이 덜 퍼져서 밥알이 살아 있어요.
나래 냄비 뚜껑은 덮을까요?
스님 아니, 줄곧 안 덮고 끓여요.
나래 쌀이 설익지 않아요?
스님 덮으면 우르르 넘치기도 하고 맛도 덜하다 하네요. 그리고 죽 끓일 때 너무 자주 저으면 맛이 없대요. 그저 끓어오르면 어쩌다가 한두 번 저으면 됩니다. 옛날 스님들도 그러시고, 죽 하시던 분도 그렇게 말씀하더라고요.
나래 눌을까 봐 계속 저으면 맛이 없구나…. 얼마나 끓여요?
스님 주걱으로 휘저어보아 쌀알이 안 느껴질 정도로 끓여요. 자, 저어보세요. 주걱에 쌀알이 아니라 부드러운 밥알이 닿는 이 느낌이에요.
나래 불 조절은요? 센 불에 끓여요?
스님 센 불에 한참 끓이다가 쌀알이 뻑뻑해지면서 우윳빛 밥알로 변하면 중간 불로 줄여요. 땅콩죽은 정말 쉬워요. 최고로 큰일이 땅콩 껍질 까는 것이지요.
나래 껍질 까서 파는 생땅콩은 없겠죠?(웃음)
스님 간밤에 불려둔 땅콩을 건져서 일일이 속껍질을 까고 믹서에 곱게 갈아요. 믹서에 갈릴 만큼 물도 좀 넣고요. 뽀얀 것이 마치 크림 같지요?
나래 곱게 갈아야 해요?
스님 그야 자기 마음이지요. 그런데 굵게 갈아 쑤어보니 겉돌거나 껄끄러운 감이 있더라고요. 이렇게 갈아둔 땅콩은 쌀죽이 거의 끓었을 때 넣고 뜸 들이듯이 잠깐만 끓여줍니다.
나래 땅콩이 덜 익으면 비리지 않아요?
스님 미리 넣고 오래 끓이면 땅콩의 지방 성분 때문인지 죽 맛이 깔끔하지가 않아요. 간은 미리 하지 않고 상에 낼 때 소금을 곁들여 냅니다.

"가을 운동회 때 땅콩 삶아 간식으로 안 먹어봤어요? 햇땅콩을 삶아놓으면 속껍질째 먹어도 쏩쏠한 맛이 하나도 안 납니다. 아까 땅콩 껍질 까면서 봤지요? 뽀얗고 통통한 것이 아기 팔뚝처럼 참 예쁘지 않아요?"
땅콩이 모래밭에서 크는 줄은 알아도 가을에 나는 줄은 몰랐다. 볶은 땅콩만 먹어봤던 기자는 땅콩죽이 조금 느끼할 줄 알았는데 담백하고 은근한 단맛이 감돌아 연신 감탄했다. 찬 바람 나면 길상사에서 먹는 영양죽이 또 한 가지 있다. 바로 들깨죽이다. 들깨죽은 땅콩죽 만들 때 '최고로 큰일'인 땅콩 껍질 까는 과정도 없으니 정말 쉽다는 것이 스님의 설명이다. 냄비에 물 붓고 쌀을 끓이다가 들깻가루를 취향대로 적당량 섞어 뜸 들이면 되는 것. 정위 스님이 가르쳐주시는 음식은 왜 이렇게 만들기 쉽고 맛있을까. 게다가 건강식이기까지!

Tip 땅콩이 들어가므로 보통 죽보다 물양을 더 잡는다.

재료(4인분)

생땅콩 200g,
쌀 400g,
물 적당량(쌀 부피의 7배 정도),
참기름·소금 약간씩

만들기
1. 땅콩은 하룻밤 불려 속껍질을 까서 믹서에 곱게 간다.
2. 쌀은 씻어 냄비에 분량의 물을 넣고 참기름을 몇 방울 떨어뜨려 끓인다. 센 불에 끓이다가 쌀알이 뻑뻑해지면서 우윳빛으로 변하면 중간 불로 낮춘다.
3. ②에 ①의 땅콩을 넣고 잠깐 끓인다. 소금 간은 미리 하지 않고 소금을 따로 곁들여 낸다.

무심히 두고 세심히 살피는
돌 이야기

길상사 공양간을 드나들면서 늘 신기하고 궁금한 것이 있었다. 그것은 주방 다용도실 바닥의 '빌트인 빨래판'. 타일 틈바구니에 네모난 대리석 빨래판이 떡 박혀 있는데 그야말로 생활의 발견이다. 누가 저런 아이디어를 냈나 했더니 정위 스님이 길상사를 지을 때 계획한 것이라고 한다. 기자가 감탄을 하자, 다른 집에도 흔히 있다며 호들갑을 나무란다. 가만 보니 빨래판 옆으로 대리석이 한 장 더 박혀 있는데 이는 대야나 빨래 삶는 들통을 놓는 받침이라는 설명이다. 뜨거운 냄비 받침 같은 역할이자 무거운 것을 놓다 보면 타일이 깨지곤 해서 미리 대비를 한 것이라니 스님이 뭐라시든 그 면밀함에 박수를 칠 수밖에 없다.

스님은 이 맞춤 대리석 외에도 길상사 곳곳에서 돌을 쓰고 계신다. 나머지 돌은 대부분 자연석이다. 동글납작한 돌로 동치미를 꾹 눌러두고, 삐딱한 물건 아래는 조약돌을 슬며시 밀어 넣어 괴고, 살짝 오목하게 생긴 데는 꽃을 심기도 한다. 길상사 앞마당에는 대여섯 명이 둘러앉을 만한 테이블이 있는데 이것도 돌이다. 돌 테이블에는 돌 의자를 세트로 두었는데 돌 스툴은 네모난 디자인이 꽤 모던해서 석공에게 맞춘 것이겠거니 했는데 어느 집의 주춧돌을 옮겨온 것이라고 한다. 버려질 돌을 두고도 어찌 그리 쓸 궁리를 하시는지 이런 요긴한 쓰임을 보고 나니 길바닥 돌들이 달리 보인다.

스님의 돌 이야기를 들으면서 둘러보니 길상사에는 앞마당에서부터 장독대, 뒷동산, 실내까지 돌의 쓰임이 눈에 들어온다. 스님은 돌은 기교를 부리면 재미가 없다며 무심하게 둬야 제맛이라고 하신다. 말씀은 그렇게 하시면서도 내

내 돌에 물을 뿌리며 색이 변하는 것을 보라 한다. 돌은 물을 머금었을 때 제 빛을 발한다는 말도 덧붙인다. 돌에 낀 푸르죽죽한 이끼를 살피며 자연이 연출하는 블랙과 그린의 오묘한 컬러 매치를 귀띔해주시기도 한다. 돌이 그저 돌이지 싶었는데 스님 이야기를 듣다 보니 거무죽죽한 얼룩처럼 보이던 푸른빛이 이끼로 보이고, 모양과 컬러가 다시 눈에 들어온다.

옛날 사람들이 살림살이로 쓰던 돌도 있다. 아담한 사이즈에 오목하게 파인 돌은 강원도 산골에서 불씨를 담아두던 돌이고, 도넛 비슷하게 생긴 돌은 연자방아에서 나온 것이고, 동그란 구멍이 파인 돌은 방아의 부속물, 다듬잇돌 비슷하게 납작한 것은 돌로 콩콩 찍어 만든 줄무늬가 재미있다며 옛날 빨랫돌이라고 소개한다. 가을, 겨울 지나 봄이 오면 돌에 물을 주는 것이 스님의 일과다. 물을 뿌려놓으면 홈에 고인 물은 이끼가 머금어 자라고, 새도 먹고 가고, 무엇보다 멋진 정원이 하나 생긴다고 한다. 길상사를 둘러싼 산이 연자방아에 담긴 물에 비치는 인경(引景)을 두고 하는 말씀이다. 가지지 못한 것도 누리는 스님의 안목과 마음, 배워야지.

싸 먹을 수 있는
이것저것으로, 쌈밥

스님은 집에 있는 재료를 활용해 이런저런 쌈밥을 만드신다. 장아찌가 있으면 장아찌로, 봄동이 있으면 그것으로, 아무것도 없어도 김과 김치로 쌈밥을 만든다. 싸는 재료에 따라 돌돌 말기도 하고 네모지게 오므려 싸기도 한다.

스님 오늘은 김치쌈, 곰취쌈, 봄동쌈을 만들 수 있겠네요. 제일 쉽게는 조미김에 싸 먹는 것입니다. 짭짤한 조미김에는 찰밥이 맛있어요. 생땅콩을 섞어 지으면 씹는 맛이 있지요.
나래 생땅콩을 따로 삶아 밥 안칠 때 넣어요?
스님 살짝 삶아 넣습니다. 땅콩에서 붉은 물이 나오기 시작하면 불을 끄고 찬물에 헹구세요.
나래 그런데 왜 살짝 삶아요?
스님 너무 삶아버리면 밥했을 때 퍼퍽해서 맛이 없어요. 찹쌀은 멥쌀보다 물을 약간 적게 잡으세요. 찰밥을 식혀서 김에 싸야 김이 눅눅해지지 않아요. 중요합니다.
나래 김치쌈에는 표고버섯을 넣네요?
스님 표고버섯을 물에 불려서 채 썰어 볶아요. 표고버섯볶음과 함께 싸면 맛있습니다.
나래 버섯 우린 물은 밥물로 넣지요?
스님 네, 아깝잖아요. 영양밥이 별거 있습니까. 채 썬 표고버섯은 식용유를 살짝 두른 팬에 볶다가 진간장으로 간하고 후춧가루를 치세요. 통깨도 뿌리고요. 참기름은 마지막에 넣어요.

나래 버섯은 얼마나 볶아요?

스님 고슬고슬할 정도요. 쌈밥할 때 버섯의 수분을 너무 날려버리면 먹을 때 질긴 감이 들어요. 김치는 이파리 부분만 씁니다.

나래 이파리가 크면 잘라요?

스님 굳이 자를 것 없어요. 김밥처럼 말아 썰어내면 되지요. 김치 소는 슬쩍 훑어 쓰세요.

나래 김치는 물에 씻어요?

스님 물에 씻어버리면 양념이 싹 가셔서 맛깔스럽지가 않아요. 김치쌈에는 미나리를 몇 줄기 데쳐 초록 띠를 둘러주면 불그죽죽한 쌈이 산뜻해져 먹음직스러워 보입니다.

나래 곰취쌈은 장아찌에서 꺼내 쓰네요?

스님 간장 장아찌를 꺼내 쌈을 싸면 맛있어요. 꼭 곰취가 아니라도 깻잎장아찌든 뭐든 간장 장아찌면 됩니다. 잎 위에 밥 올리고 둘둘 말아요.

나래 봄동 맛있겠다.

스님 봄동을 상에 올리면 싱그럽지요. 봄동은 잎을 한 장씩 뜯어 밥 한 술 올리고, 쌈장을 똑 떠서 내도 되고, 바쁘면 소쿠리에 소복이 담아 각자 싸 먹게 하세요.

나래 쌈장에 일본 된장도 넣어요?

스님 쌈장은 된장과 고추장을 섞고 일본 된장, 땅콩버터도 약간 넣어요.

나래 빵에 발라 먹는 땅콩버터요?

스님 땅콩 크런치가 있는 것도 괜찮아요. 땅콩버터를 넣으면 쌈장이 덜 짜고 부드러워져요. 홍고추와 풋고추도 넣지요. 고추는 공들여 다지지 말고 썸벅썸벅 써세요. 0.5센티미터 정도로 썰어서 고추를 슬쩍 버무려 내세요. 씹히는 맛이 있는 것도 별미입니다.

나래 스님, 어떻게 이런 레시피를 개발하셨어요?

스님 개발은요. 쌈장 만들다가 먹어보니 짜서 어쩌나 싶어 이렇게 저렇게 해보다가 알게 된 것이지요. 시래기를 볶을 때도 땅콩버터 약간 넣으면 군내도 없어지고 부들부들해져요.

"정월 보름에 부럼, 오곡밥, 귀밝이술과 더불어 복을 싸서 먹는다는 의미로 쌈을 먹어요. 지혜로운 위약이지요. 뜻도 좋고, 그때쯤이면 김장 김치가 맛있게 익을 때이니 김치 한 쪽, 시장 가서 봄동 한 포기 사면 돼요. 아니 그럴 수고도 할 필요 없이 집에 있는 포장 김으로도 먹음직스럽게 차릴 수 있는 상이에요."

김쌈은 동서남북 놀이 잡듯이 네 귀퉁이를 꾹 눌러 교자만두처럼 모양을 내고, 봄동은 오픈 샌드위치처럼 밥을 잎 위에 올려 낸다. 김치나 곰취는 밥 넣고 돌돌 말면 얌전하다. 스님의 스타일링 포인트만 염두에 두면 모둠 쌈은 재료 준비부터 완성까지 일이랄 것이 없다. 색감도 풍성하고, 짭짤한 김과 개운한 김치, 싱싱한 채소를 함께 차려 내니 차림새만큼 식감도 다채롭다. 채 써는 게 서툰 기자에게 이 화려한 쌈밥은 신선로를 대신할 메뉴라 하겠다.

Tip 찰밥은 미지근하게 식혀서 쌈을 싸야 김이 눅눅해지지 않는다.

재료(4인분)

생땅콩 한 줌,
마른 표고버섯 5~6개,
조미김(자른 것) 10장, 봄동 1포기,
곰취나 깻잎 간장장아찌 5~6장,
묵은 김치(이파리 부분) 1/4쪽,
미나리 10줄기, 쌀 3컵, 찹쌀 3큰술,
진간장 2큰술,
후춧가루·식용유 약간씩
* 쌈장: 된장 3큰술, 고추장 2큰술,
일본된장·땅콩버터·참기름·
깨소금 1큰술씩,
홍고추 2개, 풋고추 3개

만들기

1 마른 표고버섯은 물에 불린다. 버섯은 건져 채 썰고, 버섯 우린 물은 버리지 말고 밥물로 쓴다.
   생땅콩은 끓는 물에 살짝 데친다.
2 쌀은 씻어 ①의 버섯 우린 물과 생땅콩을 넣어 밥을 지어 식힌다. 밥물은 약간 적게 잡는다.
3 채 썬 표고버섯은 팬에 식용유를 두르고 볶다가 진간장으로 간하고 후춧가루를 뿌린다.
4 미나리는 끓는 물에 소금을 넣고 줄기 부분만 살짝 데쳐 찬물에 헹군다. 김치는 양념을 털어낸다.
5 조미김, 곰취 또는 깻잎장아찌, 봄동, 김치에 각각 ②의 찰밥을 넣고 한 입 크기로 쌈을 싼다.
   김치쌈은 미나리 줄기로 묶는다.
6 커다란 접시에 쌈을 둘러 담는다. 홍고추와 풋고추를 송송 다진 후 분량의 재료로 쌈장을 만들어
   곁들인다.

요즘 메뉴,
스님 마음대로 창조하다

스님과 첫 외식을 한 곳은 이탤리언 레스토랑이었다. 스님과의 회식 장소는 당연히 채식 식당이리라 생각한 일행은 스님의 제안에 조금 놀랐다. 지금 생각해보니 '일반인'도 고려한 스님의 배려였을 것도 같다. 외식 메뉴뿐 아니라 스님이 만드는 음식 중에도 의외의 메뉴가 많다. 일단 스님이 손수 커피를 내리는 것도 신기하고 크림스파게티, 와인 안주, 핫케이크, 피자 등 요즘 사람들이 좋아하는 메뉴를 당신 방식대로 상에 올리신다. 아직도 피자 두 조각이 넘어가면 영 느끼한 기자의 입맛에 스님식 '요즘 메뉴'가 제격이었다.
스님은 크림스파게티에 김치를 넣는다. 크림스파게티는 아무리 맛있어도 한 접시를 둘이 나눠 먹으면 좋겠다 싶지 않으며, 그래서 김치를 한 쪽 넣어볼까 생각했고, 김치를 씻어 넣으니 영 색이 밋밋하여 미나리 줄기를 넣어보고, 버섯 크림스파게티의 버섯은 미끌미끌해서 느끼하니 오돌오돌하면 더 낫겠다 싶어 꼬들꼬들하게 볶아서 넣어봤다고 한다. 감자와 마를 갈아 도톰하게 부치는 핫케이크도, 아삭이고추조림 와인 안주도 이렇게 어디서 먹어본 것을 바탕으로 이렇게 저렇게 해본 음식이다. 핫케이크는 인도 여행길에 다진 고추를 가득 넣은 채식주의자용 패티를 끼워주는 햄버거를 먹었는데, 그 재료가 정확히 무엇인지는 몰라도 감자를 다지고 뭘 조금 더 넣으면 되겠다 싶어 이리저리 해보았다고 한다. 밀가루를 최소량만 넣으면 맛이 좋겠다 싶어 빵 굽는 지인에게 물으니 마를 넣으면 끈기가 생긴다고 하여 지금의 레시피가 나왔다. 아삭이고추조림은 티베트 사람들이 캐러멜소스에 고추를 볶아 먹는 것을 보고 마침 시장에 갔다가 통통한 모양새의 덜 매운 고추가 있기에 간장과 물엿을 주 양념으로 볶아본 것이다. 꼭지를 반만 잘라내야 고추가 푹 퍼지지 않는 다든지, 기름을 충분히 넣어야 타지 않는다는 것은 경험치로 알아낸 조리법이다. 묵은김치볶음을 와인에 곁들이게 된 것은 충청도 어느 식당에 갔을 때 먹어본 들기름에 볶은 묵은 김치 맛이 참 깔끔하여 어울리겠다 싶어 한번 올려봤는데 사람들 반응이 좋아 합격한 메뉴라고 한다. 스님의 피자도 재밌다. 가스 불에서 굽는 '프라이팬 피자'는 달걀을 안 쓰니 밀가루에 우유를 섞어 반죽하고, 어렵게 토마토 페이스트를 만들지 않고 토마토를 볶아 올리고, 가늘게 썬 김치와 버섯을 국물 없이 볶아 올려 만든다. 여기에 맛있는 모차렐라 치즈를 듬뿍 올리면 그럭저럭 채소 많이 먹기 위한 피자로 괜찮은 맛이라고 한다. 이 중에서 버섯 토핑이 고기처럼 맛있는 김치크림스파게티와 아이 간식으로 꼭 해주고픈 핫케이크, 반찬으로도 활용하기 좋은 와인 안주 메뉴 아삭이고추조림과 묵은김치볶음을 배웠다.

스님 마른 표고버섯은 따뜻한 물에 불려 5~7밀리미터 정도 굵기로 채 써세요. 맛타리버섯은 굵은 송이만 가위로 잘라 써요.
나래 왜 굵은 송이만 골라 써요?
스님 굵기가 제각각이면 스파게티에 넣었을 때 깔끔하지 않고, 버섯을 팬에 볶을 때 익는 정도가 달라 맛도 덜하지요.
나래 가위로 잘라내고 남은 맛타리버섯은 버려요?
스님 버리긴요. 냉장고에 넣어 두었다가 된장찌개 끓일 때 써요. 맛타리버섯은 끓는 물에 소금을 약간 넣고 데쳐 찬물에 헹구세요.
나래 살짝 데쳐요?
스님 너무 데치면 질겨지니 젓가락으로 뒤적이면서 적당히 익힙니다. 이렇게 준비해놓은 표고버섯과 맛타리버섯을 마른 면보에 올려 물기를 짜세요.
나래 힘껏 짜네요.
스님 물기가 없도록 야무지게 짜야 고슬고슬하게 잘 볶아집니다. 자, 이제 팬을 센 불에 올리고 올리브유를 2~3방울 정도 두른 다음 표고버섯과 맛타리버섯을 볶아요. 겉이 노릇노릇하고 꼬들꼬들해질 때까지 한참 볶아야 합니다.
나래 마치 무말랭이 같아요.
스님 꼬들꼬들할 정도로 볶는 것이 무척 중요합니다. 이렇게 갈색이 돌고 물기가 거의 없어지면 진간장 1큰술을 넣어 간합니다. 마지막에 후춧가루를 솔

솔 뿌려줍니다.

나래 소금은 안 넣어요?

스님 스파게티에 넣을 파르메산 치즈도 짭짤하고 묵은 김치도 간이 있으니, 소금 간은 안 해도 돼요. 그런데 버섯에는 소금은 안 넣더라도 진간장으로 간은 해야 맛과 풍미가 좋습니다.

나래 아, 그렇구나….

스님 그저 제 입에 그렇다는 이야기지요.(웃음) 김장독에서 묵은 김치잎을 4장 정도 꺼내다가 물에 씻어 고춧가루를 털어내세요.

나래 김치도 면보에 올려 짜요?

스님 그렇죠. 마른 면보에 올려 꼭 짜서 표고버섯과 같은 굵기로 썰어요. 이때 주로 줄기 쪽만 씁니다.

나래 왜요?

스님 이파리 부분이 많이 들어가면 스파게티가 짤 수 있고, 스파게티에 올렸을 때 모양새도 줄기 쪽이 단정합니다. 미나리는 이파리는 털어내고 줄기만 씁니다.

나래 미나리를 그렇게 길게 잘라요?

스님 7~8센티미터는 더 되지요. 스파게티 면처럼 기다랗게 끊어 씁니다.

나래 왜요?

스님 그래야 면과 어우러져 먹기도, 보기도 좋습니다. 미나리는 끓는 물에 소금 넣고 데쳐 찬물에 헹궈 물기를 짜요. 자, 이제 스파게티 면 넣을 차례네요. 냄비에 물이 끓으면 소금 1큰술을 넣고 스파게티 면을 공작 날개 펼치듯이 둥그렇게 둘러 펼쳐서 넣으세요.

나래 소금은 왜 넣어요?

스님 면에 간을 하기 위해서지요. 면을 펼쳐 넣으면 면이 고루고루 익고 서로 엉킬 염려도 적지요. 시계 봐가며 10분간 삶아서 체에 밭쳐요.

나래 꽤 오래 삶네요.

스님 스파게티 면마다 삶는 시간이 포장지에 쓰여 있습니다. 이건 10분이네요. 자, 이제 소스. 팬에 우유와 생크림 각각 300cc, 파르메산 치즈 가루 8큰술을 넣고 중간 불에서 계속 저어가며 끓입니다.

나래 얼마나 끓여요?

스님 소스가 약간 걸쭉해지면 아까 삶아둔 면을 넣고 둥글게 저어요. 보글보글할 때까지 젓다 보면 소스가 면에 스며듭니다. 여기에 묵은 김치와 미나리를 넣고 슬쩍 저어서 접시에 담아냅니다.

나래 접시는 왜 뜨거운 물에 헹궈 써요?

스님 뜨끈한 접시에 담아내면 먹는 동안 스파게티 면이 덜 불어서 끝까지 맛있게 먹을 수 있습니다. 소스에 섞은 면과 김치, 미나리를 담고 위에 노릇노릇하게 볶은 버섯을 올리고, 후춧가루를 약간 뿌립니다. 이제, 파슬리하고 민트도 올리고 파르메산 치즈 덩어리를 필러로 긁어 모양 나게 얹어줍니다.

나래 파슬리와 민트까지요?

스님 파슬리, 민트, 파르메산 치즈는 없으면 안 얹어도 됩니다.

나래 그래도 토핑을 얹으니까 훨씬 상큼해 보여요.

"꼭 스파게티 면으로 할 것도 없어요. 우리는 칼국수면으로 더 자주 해 먹지요. 만들기도 더 쉽고 면발도 부들부들해서 우리 입맛에 맞습니다."
김치크림스파게티 위에 토핑으로 올린 버섯은 나무 기둥 빛깔이고 솔솔 뿌린 파슬리와 민트는 푸른 이파리 색이라 접시 위가 작은 숲속 같다. 담음새도 색 다르지만 묵은 김치의 깔끔한 맛과 꼬들꼬들한 버섯의 감칠맛까지 더해져 전혀 느끼하지 않은 크림스파게티였다.

김치크림스파게티

재료(2인분)
스파게티 면 250g, 우유·생크림 300cc씩,
파르메산 치즈 가루 8큰술, 미나리 20줄기,
마른 표고버섯 15개, 맛타리버섯 400g,
묵은 김치(줄기 부분) 6장, 진간장 1큰술,
올리브유·후춧가루·식용유 약간씩,
파슬리·민트 적당량

Tip 버섯은 물기를 꼭 짜서 겉이 노릇노릇하고 꼬들꼬들해질 때까지 볶아야 씹히는 식감이 좋다.

만들기

1 마른 표고버섯은 물에 불려 5mm 굵기로 채 썰어 물기를 꼭 짠다. 맛타리버섯은 끓는 물에 살짝 데쳐 찬물에 헹궈 꼭 짠다. 팬에 식용유를 두르고 꼬들꼬들해지도록 볶다가 마지막에 진간장 1큰술로 간하고 후춧가루를 뿌린다.
2 김치는 물에 씻어 줄기 부분만 쫑쫑 썬다. 미나리는 줄기 부분만 7~8cm 길이로 잘라 끓는 물에 소금을 넣고 살짝 데친 후 찬물에 헹궈 물기를 짠다.
3 포장지에 표시된 시간대로 스파게티 면을 삶는다.
4 팬에 우유, 생크림, 파르메산 치즈 가루를 넣고 중간 불에 저어가며 걸쭉해질 때까지 끓인다.
5 ④의 소스에 삶은 스파게티 면을 넣고 소스를 묻힌다. ②의 묵은 김치와 미나리를 넣고 골고루 저어 접시에 담는다.
6 파슬리, 민트 등을 뿌리고 ①의 버섯을 올린다.

나래 이게 아삭이고추구나. 저는 커다랗고 수분 많으면서 안 매운 그 고추인 줄 알았어요.

스님 시장 가니까 그건 오이고추라고 써 있더라고요. 이렇게 몽톡한 고추는 보통 피클 담가 먹잖아요. 이 메뉴는 저의 개발품입니다.(웃음) 고추를 씻어서 가위로 꼭지의 반만 잘라내요.

나래 왜요?

스님 바짝 자르면 보기 싫잖아요.

나래 그럼 꼭지를 따버리면 되잖아요.

스님 그러면 그리로 양념이 스며 볶다 보면 물러지지요. 냄비에 식용유를 넉넉히 두르고 센 불에 볶아요.

나래 식용유를 넉넉히요? 스님, 식용유 많이 넣는 것 싫어하시잖아요.

스님 식용유가 적으면 금세 타버려요. 나무 주걱으로 뒤적거리다 보면 껍질이 노릇해지면서 쩍쩍 벗겨집니다. 이때 물 좀 넣고 진간장, 국간장으로 간을 해요. 둘의 비율이 4 대 1이 되게 넣지요.

나래 왜요?

스님 진간장으로만 간하면 색이 시커매져요.

나래 아, 국간장이 더 짜죠.

스님 간장이 많이 들어가 짜다 싶으면 물을 좀 넣어 간을 맞춰요. 물엿 3큰술, 설탕 조금 넣고, 버섯 가루 있으면 넣고 없으면 안 넣어도 괜찮습니다.

나래 버섯 가루는 어떻게 만들어요?

스님 말린 버섯을 갈아서 조미료처럼 쓰는 것이지요. 이렇게 양념을 넣고 부글부글 끓여요.

나래 얼마나요?

스님 고추 색깔이 이 정도 되면 돼요.

나래 마치 크레파스의 풀색 같네요. 칙칙한 녹색.

스님 마지막에 후춧가루를 1작은술 정도 넣고 불을 줄여 뜸 들이듯이 잠깐 두면 끝입니다. 상에 낼 때 실고추를 뿌리면 더욱 먹음직스러워 보입니다.

나래 실고추 안 넣어도 괜찮지요?

스님 맛에는 큰 영향이 없습니다. 묵은김치볶음은 더 간단합니다. 묵은 김치를 꺼내 양념을 씻어내세요.

나래 아까운 양념, 잘 안 털어내시잖아요.(웃음)

스님 찌개가 아닌 볶음은 깔끔해야 보기 좋으니까요. 더구나 와인에 곁들이는 것은 고춧가루 있으면 너무 반찬 같아 씻어내는 것입니다. 이파리 부분은 잘라뒀다가 밥 싸 먹고, 이번 김치볶음에는 줄기 부분만 쓰세요.
나래 단정해 보이라고요?
스님 줄기 부분은 씹는 느낌이 아삭아삭하지요. 이파리까지 섞으면 엉켜서 산만해 보이기도 하겠네요. 줄기 부분을 너무 잘게 썰지 말고 2센티미터 정도 폭으로 채 썰어요. 이제 들기름 넣고 볶기만 하면 되니 굉장히 쉽습니다.
나래 얼마나 볶아요?
스님 센 불에서 빨리 볶는데, 설볶으면 기름내가 납니다. 통깨는 뿌려도 되고 안 뿌려도 돼요.
나래 하지만 깨소금은 지저분해서 안 쓰지요?
스님 맞습니다. 마지막에 팬에서 꺼내기 전에 흰 통후추를 갈아 약간 넣어요.

"아삭이고추조림은 네팔 여행길에 맛보았던 음식이 기억나서 그냥저냥 해본 것입니다. 그네들은 캐러멜 간장처럼 끈끈한 소스에 고추를 볶아 먹더라고요. 지난여름 개발했는데 그날따라 오는 이가 많기도 했지만 10㎏ 볶은 아삭이고추를 하나도 안 남기고 다 먹을 줄은 몰랐습니다. 불난 듯이 고추만 볶아 부엌에 연기가 자욱했어요. 바로 해서 따뜻하게 먹어도 맛있지만, 냉장고에 넣어두면 간이 짭조름하게 배서 입맛 돋웁니다. 우리 집에서는 양념 국물에 밥도 비벼 먹습니다."
아삭이고추조림은 식감도 맛도 상상 외다. 소프트 치즈처럼 뭉근한 식감, 맵지 않으면서 고추 향이 솔솔 난다. 이를 맛본 사람들이 너나없이 와인 안주로 추천한 덕에, 묵은김치볶음 외에 스님이 내주시는 와인 안주 메뉴가 하나 더 생겼다. 정위 스님은 갑자기 손님 왔을 때 치즈 찾고 할 것 없이 그저 말갛게 볶은 김치를 내곤 하셨다. 스님은 와인에 곁들일 때는 조촐해도 파티이니 특별히 커다란 그릇으로 멋을 내라고 귀띔해주신다. 두 가지 메뉴 모두 반찬과 술안주로 두루 쓰이고 만들기도 쉬우니 요리 못하는 기자는 공양간에 붙어 구경하는 시간이 그저 고마울 따름이다.

아삭이고추조림

재료
아삭이고추 1kg,
물엿 3큰술,
물·진간장 1/2컵,
국간장 5작은술,
설탕 1큰술,
후춧가루 1/2작은술
식용유 적당량

만들기
1 아삭이고추는 씻어서 가위로 꼭지를 반만 자른다.
2 팬에 식용유를 넉넉하게 두르고 껍질이 노릇해지면서 벗겨질 때까지 센 불에 볶다가 물을 넣고 분량의 진간장, 국간장으로 간한 후 물엿과 설탕을 넣는다.
3 마지막에 후춧가루를 뿌리고 불을 줄여 뜸 들이듯 잠깐 둔다.

스님 옥수수와 완두콩은 슬쩍 데치고, 연근은 콩보다 작게 다지세요. 마른 표고버섯은 버섯이 잠길 정도로 물을 넣고 끓여서 버섯은 건져 채 썰고, 버섯 우린 물은 남겨두세요.

나래 국물은 어디에 써요?

스님 소스 만들 때 넣습니다. 자, 반죽 베이스 만듭시다. 감자와 마는 강판에 갈아요.

나래 마를 넣어요?

스님 마를 넣으면 점착력이 생겨 밀가루를 거의 안 써도 되고, 부드럽고 연한 맛이 납니다.

나래 얼마나 넣어야 해요?

스님 마는 감자양의 2분의 1이면 됩니다. 제 생각에는 두부를 넣어도 괜찮지 싶은데, 아직 시도를 못 해봤습니다. 감자는 강판에 갈아 체에 밭쳐 물기를 빼고 꾹 눌러 짜세요.

나래 보통 감자전할 때도 그런가요? 왜 물기를 짜요?

스님 수분이 많으면 질척거려서 부칠 때도 애먹고 밀가루를 많이 넣어야 해요. 이렇게 받은 감자 물은 버리지 말고 가라앉혀두세요.

나래 이건 어디에 쓰려고요?

스님 가만히 두면 녹말이 가라앉아요. 감자녹말만 받아 소스 만들 때 씁니다. 갈아놓은 재료에 옥수수, 완두콩, 채 썬 버섯을 넣고 섞으세요. 여기에 중력분을 1큰술 정도 넣어 농도를 조절합니다.

나래 부침개 만들 때처럼 섞어요?

스님 보통 부침개 반죽보다는 되직하고 완자보다는 묽게 맞춥니다. 손에 올려 동글납작하게 빚어요.

나래 꽤 도톰하네요.

스님 약간 도톰해야 볼품 있고 썰어 먹는 기분이 나요. 달군 팬에 카놀라유를 듬뿍 두르고 느긋하게 익혀 앞뒤로 노릇하게 부치세요.

나래 카놀라유로 부쳐요?

스님 덜 느끼하다고 하더라고요. 소스는 아까 버섯 우린 물을 팬에 따르고 설탕과 진간장을 조금 넣어 색을 내세요.

나래 설탕은 얼마나 넣어요?

스님 설탕 양은 취향껏 조절하면 됩니다. 설탕을 덜 넣으면 표고버섯 특유의 심심한 맛이 나서 별미지요.
나래 아까 가라앉힌 감자녹말은 언제 써요?
스님 감자녹말을 넣어 농도를 맞춥니다. 감자녹말은 아까 받아둔 감자 간 물의 윗물을 따라내고 헹궈 써요.
나래 물을 부어 헹궈낸다고요?
스님 가만 두면 아래에 녹말이 가라앉으면서 물이 갈색으로 변하는데, 윗물을 조금 따라내고 새 물을 부어 슬쩍 둘러 헹궈요. 그러면 가라앉은 녹말은 그대로 있고, 갈색 기가 사라져서 말갛게 되지요.
나래 헹구지 않고 그냥 쓰면 안 돼요?
스님 색이 안 곱지요. 막상 해보면 일도 아니에요. 감자녹말을 소스에 넣고 걸쭉하게 끓여서 따끈따끈할 때 핫케이크 위에 뿌려 냅니다.

"봄에 먹을 때는 핫케이크에 돌나물배샐러드를 곁들여 냅니다. 돌나물은 씻어 건져놓고, 배는 자잘하게 깍둑썰기해서 돌나물 위에 올려요. 우리 집은 매화가 흔해서(웃음) 매화꽃도 몇 송이 올립니다. 소스는 식초, 설탕, 진간장으로 새콤달콤하게 만들어 매화꽃을 피해 뿌립니다. 이 핫케이크를 패티 삼아 햄버거 빵 사이에 끼워 먹어도 좋아요. 소풍 갈 때 요깃거리로 챙겨 가기 편하고요. 햄버거처럼 먹을 때는 반죽에 고추를 듬뿍 다져 넣으면 칼칼해서 아주 개운합니다."

감자핫케이크는 노란 옥수수와 연둣빛 완두콩의 색이 곱고, 아삭아삭 씹히는 연근이 생기를 더한다. 워낙 감자전을 좋아하는 기자는 밀가루 섞지 않은 '순수 감자전'을 만들어 먹곤 하는데 늘 진득진득 팬에 붙어버려 모양은 포기하고 맛으로만 먹었다. 정위 스님이 알려주신 레시피는 도톰한 모양이 단정하고 소스를 뿌리니 담음새도 좋다. 스님이 잘라 먹기 좋게 도톰하게 만들라고 하셨는데, 스님이 차려주신 대로 포크와 나이프를 함께 내니 양식 메인메뉴 같다.

감자핫케이크

재료
감자 300g, 마 150g,
옥수수+완두콩 한 줌,
연근 50g, 마른 표고버섯 3개,
중력분 1큰술,
카놀라유·소금·흰 후춧가루 약간씩,
* 소스: 표고버섯 우린 물 1/2컵 정도,
설탕 15g, 감자녹말 7cc, 진간장 약간

Tip 소스에는 설탕을 많이 넣지 않아야 표고버섯 우린 물 특유의 맛을 살릴 수 있다.

만들기
1 옥수수와 완두콩을 살짝 데친다. 연근은 껍질을 벗기고 콩보다 약간 작게 다진다.
2 마른 표고버섯은 물에 불려 채 썰고, 버섯 우린 물은 남겨둔다.
3 마와 감자는 껍질을 벗겨 각각 강판에 간다. 연근은 콩보다 작게 다진다. 강판에 간 감자는 체에 밭쳐 물기를 뺀 후 꾹 눌러 짠다. 물기가 많으면 질척거린다. 이때 받아둔 감자 간 물은 버리지 않는다.
4 볼에 ③의 마와 감자를 담고, 준비해둔 옥수수, 완두콩, 연근, 표고버섯과 중력분 1큰술을 넣고 섞은 후 소금과 후춧가루로 간한다. 농도는 부침개보다 되직하게 맞춘다.
5 ④를 지름 10cm 정도 크기로 동글납작하게 빚어 팬에 식용유를 두르고 부친다.
6 ②의 버섯 우린 물에 ③의 감자 간 물 아래 가라앉은 녹말, 설탕, 진간장을 넣고 끓여 소스를 만든 후 ⑤ 위에 끼얹어낸다.

생활에서 꽃피는
스님의 컬러 감각

스님은 자투리 시간에 독서가 아닌 수를 놓으신다. 책은 1시간은 짬이 있어야 읽었다 싶은데, 수를 놓다 보면 마음이 조용해져서 분주한 낮 시간이 수를 놓기에 제격이라는 설명이다. 그래서 길상사에 가면 스님은 늘 반짇고리를 꺼내 놓고 계셨던 게다.

옛날 여학교 때야 다들 수 한 쪽은 놓았지만 요즘은 드문 일. 스님이 다시 자수를 시작한 계기는 우연히 앞치마에 별꽃을 놓으면서다. 어느 날 보니 행주치마에 녹물이 점점이 묻어 있어 그 녹물 자국을 감추려고 별꽃을 수놓았다고 한다. 녹물이 많은 곳에는 꽃이 오종종하게 모이고, 덜 튄 곳에는 몇 송이 안 되게 놓았다. 그렇게 녹물을 따라 수를 놓다 보니 옆구리에서 뒤로 돌아가는 부분에 별꽃이 흐드러지게 피었다. 길상사를 방문한 사람들이 스님이 두른 앞치마를 보고 반가워하고 행복해하기에 스님은 재미 삼아 찻잔 받침에 꽃 한 송이, 다포에 풀 한 포기 놓아 쓰기도 하고 선물도 하였다. 스님은 당신의 수를 두고 솜씨 없이 놓은 것이라 하신다. 지나치게 고급스러운 수는 사용하지 못한다는 깜찍한 변명을 하면서 간단하게 스티치 형태로 놓는 수도 소개하신다. 수놓은 것들을 살펴보니 진실로 찻잔 받침이며 앞치마, 손수건, 상보 등 실용품. 주로 면 소재에 놓아 푹푹 삶아가며 쓰고 계신다.

스님은 서점에 나가봐도 우리나라 생활 자수 책이 드물다며 유럽 할머니들은 공원에 나와 뜨개질을 잘도 한다는데 우리 아줌마들은 바빠서인지 손작업을 할 새가 없는 모양인 것 같다며 못내 아쉬워하신다. 그래서 스님은 퀼팅을 소개한 수입 서적과 지인들이 소장한 자수 책이나 여타 서적에 먹지를 대고 그린 본

을 모아두고 요긴하게 활용하신다. 스님의 반짇고리에는 사람들이 너나없이 집에 있던 실을 가져다주어 갈래갈래 잡아 머리처럼 땋아둔 실타래가 가득하다.
"얻어온 실로 놓는 수라 딱 원하는 색이 갖춰져 있지 않아요. 어떤 때는 녹색 톤을 고르다 결국 그날은 못하고 넘어가기도 합니다."
스님이 수를 놓으며 가장 곤란하면서도 재미있는 점이 바로 색상 선택의 순간이라고 한다. 이 말을 듣고 기자는 지난번 길상수 지대방에서 열린 생활 소품 전시회가 떠올랐다. 무명이나 모시를 위주로 하여 희끄무레한 색깔 위주였는데 이불을 걸어둔 어느 벽 뒤에 강렬한 보색인 녹적색 한지를 덧댄 것이 인상적이었다. 그 역시 스님의 감각이었다. 묵채를 담을 때도 배를 도토리묵 위에 올리면 청량감을 더해 먹음직스럽다는 조언을 해주셨는데 이것도 생각해보니 컬러 매치다. 현관 입구의 빨간 고무 발판 위에 연두색 수건을 접어 올려두었던데 스님께 이것도 스님이 의도하신 건지 여쭈면 분명 아니라고 하실 거다. 스님은 바닥에 떨어진 꽃 한 송이를 주워 꽂아도 그림처럼 꽂고, 심지어 다시마를 잘라 끈으로 묶어둔 모양도 참으로 단아하다. 일상적으로 미감이 몸에 밴 분인 것 같다. 그래서 기자는 길상수에 다녀갈 때면 날마다 아름답게 생활하고 살림을 해보고픈 욕구가 솟는다. 기자만 이런 마음이 든 것이 아니었는지 취재를 하고 몇 달 후 지대방의 자발적 수 모임이 생겼다는 소식을 들었다. 이름 하여 '수요수반'. 오가며 스님이 수놓은 생활 소품을 눈여겨본 아낙들이 스님의 수 노하우를 배우고자 했고, 스님은 누차 아무것도 가르칠 게 없다 하였건만 결국 수적 열세인 스님이 "그럼, 와서 알아서들 놓으시오" 하고 반 보 물러서신 게다. 수요일 오후 1~2시쯤 아낙들이 집안일 대강 마무리 짓고 모여 스님의 교본을 수요수반 반장이 문방구에서 복사해 오면 지대방에 둘러앉아 선생님(스님)이 수놓은 샘플을 보며 열중해서 수를 놓는다. 누차 당신이 쓴 색을 따라 쓸 것이 없다고 하는데도 사람들은 스님의 배색이 정답처럼 보이는지 다들 실타래에서 같은 색을 찾느라 분주하다며 재밌어 하신다. 스님은 외국 할머니들처럼 곰살궂게 뜨개질, 바느질하는 모습을 좋게 보셨는데 지대방에서 '바느질 미풍'이 일고 있으니 내심 뿌듯하신 모양이다.
다시 컬러 배색으로 돌아가 이야기하자면, 기자 역시 수를 놓으랴면 스님의 색깔 선택을 열심히 참조할 것 같다. 왜냐하면 지대방이나 전시회처럼 고민해 준비한 컬러 기획뿐 아니라 지금껏 알려주신 음식을 떠올려봐도 스님의 컬러 감각이 대단하기 때문이다. 못하면, 배우려면 모방부터 해야 하니까.

곱디고운
묵채와 묵전

스님은 묵채와 묵전을 손님상에 애피타이저나 와인 안주로 내시곤 한다. 브라운 컬러의 도토리묵 위에는 하얀 배를, 하얀 청포묵 위에는 컬러풀한 재료를 올린다. 요리는 어렵지 않고 차림은 꽤 화려하니 솜씨 없는 사람의 손님 초대 메뉴로 적당하다.

스님 마른 표고버섯과 다시마는 불려서 물은 따로 받아두고, 표고버섯은 물기를 꼭 짠 후 최대한 곱게 채 썰어요.
나래 곱게요?
스님 부들부들한 묵과 함께 먹을 때 겉돌지 않도록 하려고요. 미나리는 줄기 부분만 사용해요.
나래 왜 줄기만 써요?
스님 접시에 담았을 때 정갈하라고 그러지요. 씻어서 5센티미터 길이로 잘라 데치면 데쳐서 자르는 것보다 길이 맞추기가 쉬워요. 아, 생미나리는 서너 줄기 남겨두었다가 양념장에 넣으세요.
나래 양념장에 미나리를 넣어요?
스님 양념장은 김을 넣고 만드는데 색이 칙칙하니 파란 미나리로 포인트를 주려고요. 당근도 곱게 채 썰어요.
나래 이번에는 뭐든지 곱게 써네요.
스님 배는 다른 재료에 비해 많아도 괜찮아요.
나래 왜요?

스님 달착지근하고, 행여 달지 않더라도 누구나 시원한 맛을 좋아합니다. 하얘서 폼도 나고요. 김치는 줄기 부분만 써요.

나래 미나리 잎을 떼내는 것처럼 김치도 정갈하라고 줄기 부분만 쓰는 거지요?

스님 그런 이유도 있고, 줄기가 씹는 맛이 아삭아삭하지요.

나래 남은 잎 부분은 어떻게 해요?

스님 두었다가 밥 싸서 먹으면 되지요. 묵을 썰 때는 욕심 내지 말고 3~4장만 놓고 얌전히 썰어야 쉬워요. 묵채용으로는 청포묵 1모와 도토리묵 반 모를 0.3~0.5센티미터 굵기로 썰고, 전 부치는 도토리묵 나머지(반 모)는 그보다 약간 두꺼워도 돼요.

나래 묵 써는 거 너무 어려워요.

스님 묵 썰 때 묵이 칼에 달라붙으면 중간중간 찬물을 한 번씩 바르세요. 집에서 쑨 청포묵은 데치지 않아도 되지만 시중에 파는 청포묵은 썰어서 데쳐야 부들부들하더라고요.

나래 데쳐서 쓰는 게 아니라 썰어서 데치는구나.

스님 채 썰어둔 표고버섯은 팬에 식용유 1방울을 두르고 꾸들꾸들하게 볶으세요. 불을 끄고 진간장, 후춧가루, 참기름으로 양념해요.

나래 향이 날아갈까 봐 불 끄고 넣는 거지요?

스님 그렇지요. 미나리는 끓는 물에 소금을 약간 넣고 살짝 데쳐서 찬물에 헹궈 꼭 짜요. 그리고 진간장, 참기름을 약간 넣고 무쳐요.

나래 참기름은 윤기 나라고 넣는 거예요?

스님 네, 향도 내고 광도 내고요. 당근은 참기름을 넉넉하게 넣고 볶아서 소금과 간장을 약간 넣어 간해요.

나래 간장을 넣어요?

스님 소금만 넣으면 깔끔한 맛이 나고, 간장 몇 방울을 넣으면 감칠맛이 나는 것 같아요. 채 썬 김치는 참기름만 넣고 무치세요. 마지막으로 배를 채 써는데, 썰기 전에 꼭 손을 씻으세요.

나래 왜 마지막에 썰어요.

스님 수분이 날아가면 맛이 덜하지요. 중요한 것은 손을 씻는 것입니다. 기름 묻은 손으로 만지면 배의 청량한 맛을 버립니다. 묵채에 붓는 국물은 표고버섯과 다시마 우린 물에 소금과 진간장으로 간을 하세요.

나래 이번에도 감칠맛 때문에 간장을 넣는 거예요?

스님 아니, 이건 간장이 주고 소금을 함께 넣는 것이지요. 국물이 너무 꺼멓게 되지 않고 깔끔한 맛이 나게 하려는 거예요. 저는 지저분해 보여서 통깨는 넣지 않아요. 그리고 묵전은 정말 쉽습니다. 도토리묵을 두께 0.5센티미터, 크기 5×7센티미터 썰어서 프라이팬에 식용유를 살짝 두르고 구워요.

나래 청포묵은 안 부쳐요?

스님 부쳐도 되지요. 하지만 노릇하게 굽기는 하얀 청포묵보다 도토리묵이 나아요. 이때 센 불이 아닌 중간 불에 구우세요.

나래 묵도 익혀야 해요?

스님 식감 때문이지요. 중간 불에 익혀야 안까지 쫀득쫀득하게 구워집니다. 양념장은 진간장에 참기름, 깨소금을 넣고 조미김을 손으로 잘게 찢어서 넣어요. 이때 김이 양념장을 흠뻑 먹기 때문에 국간장을 쓰면 매우 짜니 진간장을 씁니다.

"묵채 낼 때 배는 도토리묵 위에 올립니다. 그래야 돋보이고 청량감도 더하지요. 당근, 표고버섯 등 나머지 재료는 흰 바탕인 청포묵 위에 올리고요. 묵채에 따뜻한 국물을 자작하게 부어 내면 사람마다 국물처럼 떠먹기도 하고, 밥 달라고 해서 말아 먹기도 합니다. 그리고 냉장고에 두었던 묵은 뻣뻣해서 무쳐 먹기보다 구워 먹어야 쫀득쫀득해서 맛이 좋아요."

국물 자작한 묵채도 별미지만 쫀득쫀득한 묵전이 입에 착착 붙는다. 기자가 채 써는 데 미숙해 두부처럼 잘라 구우면 되는 묵전에 저도 모르게 마음이 간듯하다. 정위 스님 말씀처럼 만들기 쉬운 묵채와 묵전은 스님의 컬러를 고려한 담음새로 상차림이 한껏 돋보였는데, 지극히 일상적인 일에 예술 감각을 발휘하시는 스님께 '생활 아티스트'라는 직함을 붙여드려야 할 것 같다.

묵채

재료
마른 표고버섯 5~6개,
다시마(10×10cm 크기) 3장,
배 1개, 미나리 10줄기, 당근 1/2개,
조미김 1장, 묵은 김치 1/4포기,
도토리묵·청포묵 1모씩, 진간장 1작은술,
식용유·진간장·참기름·후춧가루·소금 약간씩

만들기

1. 마른 표고버섯과 다시마는 물에 불린다. 우린 물은 버리지 않는다. 표고버섯은 물기를 꼭 짜서 곱게 채 썰어 식용유를 두르고 볶는다.
2. 미나리는 줄기 부분을 5cm 길이로 썰어 끓는 물에 살짝 데쳐 물기를 꼭 짠다. 진간장과 참기름을 넣고 무친다.
3. 당근은 껍질을 벗기고 곱게 채 썰어 참기름을 두르고 볶는다. 소금, 진간장 1작은술을 넣어 살짝 간한다.
4. 묵은 김치는 줄기 부분만 채 썰어 참기름을 넣고 무친다. 배는 껍질을 벗겨 곱게 채 썬다.
5. 도토리묵과 청포묵은 0.3~0.5cm 굵기로 채 썬다. 청포묵은 끓는 물에 살짝 데친다.
6. 접시에 도토리묵과 청포묵을 담고, 그 위에 당근, 미나리 등을 올린다. 이때 도토리묵 위에는 배를 올려야 컬러 대비가 예쁘다.
7. ①의 버섯과 다시마 우린 물에 소금과 진간장으로 간해 ⑥의 묵채 위에 뿌려 낸다.

묵전

재료
도토리묵 1모,
미나리 2줄기,
구운 김 2장,
진간장 2큰술,
식용유·참기름·깨소금 약간씩

만들기
1   도토리묵은 두께 0.5cm, 크기 5×7cm로 썬다.
2   팬에 식용유를 두르고 중간 불에 노릇하게 굽는다.
3   미나리는 곱게 다지고 구운 김은 잘게 찢는다. 진간장에 참기름, 깨소금과 미나리, 구운 김을 섞어 양념장을 만든다.
4   접시에 ②의 도토리묵을 담고 양념장을 곁들여 낸다.

겨울

"뒷산 밭에 가서 무 하나만 뽑아 오소."
스님의 명령에 기자와 포토그래퍼는 얼른 뒷산 텃밭으로 올랐다. 스님은 겨울 추위에 대비하느라 텃밭에 비닐을 덮어 군데군데 돌을 눌러놓았다. 우리는 이걸 걷고 뽑아 오라는 것이지 싶어 주머니에 찔러 넣었던 손을 억지로 꺼내 서둘러 비닐부터 들췄다. 그런데 무청이 산발해 엉켜 있어 도무지 뭘 잡고 당겨야 할지 난감했다. 또 가늘다가는 줄기를 잡고 뽑다가 줄기만 툭 끊어지지는 않을지 염려가 되었다. 꽃 시장 가서 발에 채이는 부러진 가지도 주워 오는 스님이신데 괜히 쓸 데도 없는 무를 여러 개 뽑았다간 혼나지 않을까 싶어 도리 없이 서로 얼굴만 바라보고 있었다. 마침내 기자가 용기를 내어 공양간에 계시는 스님을 힘차게 불렀다. "스님, 무 못 뽑겠어요." 스님이 손에 묻은 물기를 행주치마에 닦으며 급히 나오셨다. 그러더니 텃밭 앞 커다란 화분에 있는 푸른 줄기를 잡고 쑥 뽑으시는 게 아닌가. 기자 일행이 씨름한 것은 무가 아니라 갓이었다. 오 마이 갓!

꽃 시장 다녀오는
낭만적인 겨울 채비

길상사의 겨울은 거미줄을 털어내면서 시작된다. 아침저녁으로 방을 닦으니, 계절 바뀐다고 특별히 대청소를 하지는 않지만 겨울이 오면 땅속, 나무 기둥 속으로 거미가 이사를 하기 때문에 초겨울에 안팎의 거미줄을 없앤다. 겨울 내내 깔끔하게 보낼 채비다. 의복은 긴 옷 몇 장에 목도리 두어 개이니 우리처럼 계절 바뀐다고 옷장부터 뒤집을 일은 없고, 밥상을 따끈하게 해줄 놋그릇 꺼내고, 법당에 놓을 난로 꺼내 살피고, 공양간에서는 말려둔 둥굴레를 볶기 시작한다. 겨울에는 매 끼니 주전자에 끓여둔 둥굴레차를 작은 주전자에 덜어 사람들이 밥 먹는 사이 폭폭 끓여 내주신다. 직접 볶아 끓여서인지 매번 데워주는 정성 때문인지 스님의 둥굴레차는 참으로 구수하고 푸근하다.

아침 해가 점점 늑장을 부리는 초겨울이면 정위 스님은 새벽 시장에 다녀온다. 농산물이나 청과물 시장이 아니라 꽃 시장이다. 겨울 준비로 꽃 시장에 간 것이 언뜻 이해가 안 되어 물으니 항아리 꽃병에 꽂아둘 꽃 가지 때문이라 한다. 빨간 열매가 달린 가지는 꽃잎처럼 쉬 시들거나 떨어지지 않고 겨우내 점점 진해져서 이듬해 봄이 되면 검붉은 열매가 된다며 매해 겨울이면 이 꽃 가지를 챙긴다고. 정위 스님의 낭만적인 겨울 채비, 앞마당도 뒷산도 메마른 나뭇가지만 앙상할 때 꽃처럼 빨간 열매가 길상사에 생기를 불어넣는다.

이 밖에는 겨울 온다고 특별히 채비를 하는 건 없단다. 언젠가 무심코 열어본 길상사의 냉장고는 마치 잡지의 냉장고 정리 정돈 기사처럼 반듯하게 정돈되어 있어 깜짝 놀란 기억이 있다. 이러니 계절맞이 대청소를 굳이 할 것이 없는 모양이다. 오늘도 불쑥 열어보니 분류해 정돈한 플라스틱 통에는 콩, 밤, 옥수수, 각종 가루 등이 담겨 있다. 이 풍성한 냉장고 곳간도 월동 준비의 하나지 싶어 물으니 겨울 식량을 위한 채비는 그해 봄부터 시작한다는 대답이다. 봄에는 완두콩, 가을에는 강낭콩을 비롯하여 각종 풋콩을 씻어 얼려두고, 밤은 속껍질까지 까서 냉동실에 얼린다. 초가을 옥수수는 밥할 때 넣어 먹기 좋아 스님은 매해 끝물 옥수수를 챙겨 얼려두신다. 알을 똑똑 따서 꽁꽁 얼려두면 이듬해 옥수수 철이 될 때까지 구수한 옥수수밥을 먹을 수 있다. 무가 제철일 때는 무청을 만들어 시래기를 만들고, 가을 햇살 좋을 때면 마당에서 김부각을 말려 냉동실에 넣어둔다. 올해는 무청을 도시가스 배관에 널어놨더니 제대로 마르더라며 팁을 알려주신다. 감 철이 시작되면 지대방 입구 선반에 감을 줄줄이 올려두고, 사람들이 오며 가며 말랑해진 홍시를 선물처럼 맛보게 한다. 그러고도 남은 홍시는 모아서 냉동실에 두고 해가 바뀌도록 아이스크림처럼 꺼내 먹는다. 곶감도 얼려두는데 이는 커피 낼 때 땅콩이나 호두를 싸서 곁들이면 좋은 겨울 군것질거리란다.

길상사 냉동실은 재료별로 네모난 플라스틱 통에 분류해 담고 네임 태그도 붙여놓아 찬 냉장고 속을 뒤지느라 애쓸 필요가 없다. 또 싱크대 아래 양념칸도 마찬가지로 깔끔하게 정돈되어 있어 뭔가 특별한 정리 비법이 있나 물었다. 쟁반 위에 가지런히 줄을 세운 재활용 병에 담긴 간장, 참기름, 고추장, 깨소금. 식용유처럼 쓰다가 흐를 염려가 있는 것은 우유갑으로 '덧옷'을 입혀두

었다. 그런데 양념 칸의 병들은 냉동실 물건들과 달리 모두 이름을 적어두지 않았다. 국간장과 진간장은 둘 중 하나만 적어두면 나머지 하나는 구분이 가고, 깨소금처럼 눈으로 봐도 알 수 있는 것은 굳이 적을 필요가 없다는 것이다. 스님은 그저 쓰기 편하게 정리하는 것뿐이라고 한다. 보이기 위한 정돈이 아니라 오로지 살림의 편의를 위한 정돈이라 이런 지혜가 발휘되는가 보다. 흑미, 보리쌀, 검은콩, 수수 등 뒷베란다의 각종 곡식을 한눈에 보이도록 투명한 통에 담은 것도 쓰기 편하게 한 정리법이다. 길상사의 공양간은 어느 문을 열어도 열을 맞춰 정리해두어 가지런하고 단정한데, 개중에 최고는 표고버섯과 다시마 갈무리다. 특히 다시마의 매무새가 기차다. 네모나게 잘라 10장씩 모아 책 묶듯이 십자로 묶었는데 이 사소한 것이 정갈하기가 비할 데가 없다. 보통 표고버섯 기둥은 버리는데 스님은 이것을 고추 조릴 때 넣기에 표고버섯 기둥과 갓을 따로 떼어 말려두고, 국물 낼 때 늘 쓰는 갓은 통에 담아 동선상 쓰기 편한 주방 조리대 옆 선반 위에 올려둔다. 정위 스님께 어떻게 하면 이렇게 그림처럼 정돈하냐고 거듭 물으니 그저 쓰기 좋게 하는 것이지 정리하느라 애쓸 것 없다는 답을 되풀이하신다. 합리주의 살림법이다. 그런데 여느 집이라면 얼룩덜룩할 양념 병들이 참 말끔해서 어찌 관리하시나 여쭈니 더러워지면 닦느라 너무 애쓰지 말고 새 병으로 바꿔주라는 반가운 답을 내놓는다.

겨울 밥상에 내는
비타민 반찬

스님이 내내 뒷동산 일 이야기를 하시기에 서리도 내린 후인데 뒷산에 바쁠 일이 뭐 있나 했는데 들어가다 보니 계단에 모과차 단지가 줄지어 서 있었다. 뒷산 모과를 따서 차를 담그느라 바쁘셨구나 짐작했다. 그런데 정작 스님은 푸성귀를 건사하느라 허리 펼 새가 없었다 하신다. 씨 뿌리기는 이미 10월 중순에 마쳤으나 푸릇푸릇한 싹에 비닐을 덮어 겨울 날 채비를 하였다고 한다. 찬 계절에 무슨 농사인가 했더니 겨우내 먹을 채소 재배란다. 본래 애써 채소를 챙겨 먹지도 않고 풀 귀한 겨울에는 으레 김치로 대신한다 생각했는데 스님은 겨울 비타민이라는 별명을 붙이며 밥상에 푸릇푸릇한 것을 올리신다니 호기심이 일었다. 시금치, 상추, 유채, 고수, 갓, 무 등 작은 밭을 알뜰하게 나눠 심은 종류가 꽤 된다. 비닐을 덮어두긴 했지만 요즘은 날이 푹해 상추가 겨울을 난다며 내년 봄까지 뜯어 먹게 생겼다고 한다. 스님은 뒷산 채소뿐 아니라 겨울에 나는 파래, 모자반 등 바다 푸성귀도 챙겨 밥상에 올리신다. 스님이 생채나 해 먹자며 무를 뽑아 오라 하기에 외투를 챙겨 입고 뒷동산 텃밭으로 올랐다.

비닐을 걷고 밭을 살펴보니 무청이 산발해 난장판이다. 어느 것이 어느 무에 달린 무청인지도 모르겠고, 툭툭한 무에 달린 무청을 잡고 당기다가 툭 끊어질 것만 같아 둘이 나란히 서서 난감해하고 있다가 용기를 내어 공양간의 스님을 불렀다. 무청이 이렇게나 기냐고 물으니 스님은 "무는 화분에 있고 그건 갓입니다" 하신다. 줄기에 잎 달린 모양이 사뭇 다르지는 않았다지만 도시에서 나고 자란 남녀는 부끄럽고 머쓱했다. 굵직한 무는 정말 화분에 심어져 있었다. 무청을 잡고 쭉 당기니 두툼한 무가 쑥 달려 올라온다. 이번 겨울에는 앞집에서 무 모종이 남았다며 몇 포기 주어 기대 없이 심었는데 어른 한 아름보다 큰 화분 덕인지 농사가 제법 되었다고 한다. 이렇게 큰 화분만 장만하면 아파트 베란다에서도 무를 길러 먹을 수 있겠다 싶어 흥이 났다. 스님은 쌈을 싸 먹는다며 태국 음식에 넣어 먹는 고수를 수북하게 뜯었다.

나래 고수를 뿌리째 뜯어요?
스님 끊어 뜯어도 되고, 뿌리까지 뽑아도 됩니다. 내내 고수 밭으로 놔두려면 뿌리를 남기지만 우리는 봄에 다른 씨를 심을 계획이라 뿌리까지 뽑는 것이지요.
나래 뿌리도 먹어요?
스님 깨끗이 다듬어 먹으면 맛이 좋아요. 겨울이라 뿌리가 깊어 잘 안 달려 올라오네요.
나래 쌀국수에만 넣는 줄 알았는데 고수로 쌈을 싸 먹어요?
스님 무 채 썰어 넣고 무쳐도 먹지요. 고수 겉절이 할 때는 무를 너무 가늘게 채썰면 별로입니다.
나래 양념은요?
스님 간장과 고춧가루, 깨소금에 식초를 넣고 김을 구워서 비벼 넣으면 맛있어요.
나래 김 넣으면 맛있겠다.
스님 색도 좋습니다. 까만색과 초록의 조화가 참 곱습니다.

기자가 고생(?) 끝에 뽑아 온 무로 스님은 파래무생채와 모자반 무침을 하셨다. 모자반은 톳보다는 가지가 적고 부드럽고, 파래보다는 한참 굵다. 파래도 모자반도 12월 초가 첫물이라 발이 고운 편이라 한다.

스님 파래는 씻어서 소쿠리에 담아 굵은소금을 뿌려 손으로 뒤적뒤적해서 잠깐 두세요. 그러면 삼투압 작용으로 물기가 빠져나옵니다.
나래 짜지지 않아요?
스님 적당히 뿌리는 거지요. 파래무생채에 쓸 무는 곱게 채 써세요.
나래 무는 얼마나 넣어요?
스님 파래에 슬쩍 섞이는 정도지요. 4 대 1 정도로 무는 미미하게 넣습니다. 지금이 첫물 때라 맛있어요. 파래는 지방마다 맛이 다른데, 고흥 것이 곱디곱다 합디다.
나래 이 파래는 매생이와 견주겠어요.
스님 양념은 간단합니다. 식초, 효소, 고춧가루면 끝입니다. 통깨도 좀 넣읍시다.
나래 통깨는 왜 넣어요?
스님 폼이지요.(웃음) 고춧가루를 안 넣고 무치는 사람도 있는데 저는 칼칼한 맛이 덜한 것 같아서 약간 넣습니다. 효소를 살짝 넣으면 단맛 때문인지 식초만 넣었을 때보다 간이 순해진다고 해야 하나, 아무튼 입에 붙는 맛이 있습니다. 식초는 양조식초가 아닌 발효식초를 씁니다.
나래 왜요?
스님 양조식초는 톡 쏘는 맛이 강해서 비빔냉면과 장아찌 할 때 말고는 쓰지 않습니다.
나래 거기는 왜 양조식초를 넣어요?
스님 양조식초는 양이 적어도 새콤한 맛을 내지요. 발효식초를 쓰면 많은 양을 넣어야 해서 저장했다가 먹는 장아찌 만들 때는 좀 아깝습니다.
나래 파래는 썰지 않고 무치는 것 맞지요?
스님 네, 뭉친 덩어리를 털어가며 무치면 됩니다.
나래 모자반무침도 양념이 같아요?

스님 네, 다만 모자반무침에는 무를 너무 곱게 썰면 별로입니다.
나래 파래보다 굵어서 그렇지요?
스님 맞습니다. 무를 채 썰어 고춧가루와 소금으로 살짝 버무려놓으세요.
나래 왜요?
스님 색도 배고 간도 배고 숨도 죽으라고 그러지요. 모자반은 씻어 살짝 데쳐 무칩니다.
나래 뻐덕뻐덕해서요?
스님 햇것이라 발은 보드라운데 살짝 데치면 녹빛이 생생해집니다. 데친다기보다 끓는 물에 넣었다 빼는 정도입니다. 데쳐서 5센티미터 정도로 잘라 무칩니다.
나래 정말로 녹갈색이 녹색으로 변하네요. 모자반은 톡톡 터질 때 바다 맛이 나요. 파래보다 바다 내음이 물씬 나는데요.
스님 많이 드세요. 식초 넣고 무친 것은 오래 두면 색이 변해요. 특히 모자반무침은 두고 먹으면 맛이 없습니다.

스님은 요즘 진짜 맛있는 것은 시래기 삶아서 생무 넣고 된장으로 무치는 반찬이라 하신다. 시래기를 삶아 껍질을 벗기고 4~5센티미터 길이로 잘라 된장으로 조물조물 무쳐놓는다. 여기에 생무를 채 썰어 넣고 고춧가루 조금, 참기름, 깨소금으로 양념하면 너무 맛있다며, 임신부가 와서 밥 두 그릇을 뚝딱 비우고 갔다며 레시피를 하나 더 알려주신다. 또 유채 겉절이도 별미라며 겨울에 먹는 비타민 요리를 줄줄이 일러주신다. 기자는 시래기무침도 유채 겉절이도 줄줄이 받아 적었지만, 아까부터 계단에 놓아둔 모과차 만드는 비법이 궁금했다.

나래 스님은 모과를 어떻게 그렇게 곱게 써세요?
스님 모과를 잡고 필러로 쓱쓱 긁으면 얇게 썰리고 과즙도 잘 우러납니다.
나래 그런 방법이 있었군요!
스님 우리 식구들도 어느 겨울에 필러로 저미는 법을 발견하고 다 함께 뿌듯해했습니다.
나래 왜 황설탕과 백설탕을 섞어 넣어요?
스님 백설탕만 넣으면 유리처럼 맑은 색이 나서 보기에도 맛이 덜합니다. 맛도 그저 깔끔하기만 하고요. 여기에 황설탕이 들어가야 맛이 더 깊어집니다. 그렇다고 황설탕만 넣으면 너무 누레지지요. 그래서 저는 황설탕과 백설탕의 비율을 1.2 대 1로 잡았습니다.

유자 채 써는 것도 너무 큰일이었던 기자에게 유자보다 5배는 더 단단한 모과는 그저 향기 좋은 장식품일 뿐이었다. 이제 '필러'를 발견했으니 엄두도 못 냈던 모과차도 한 단지 담가봐야겠다. 모과는 스님네 뒷산 식량 창고에서 공수할 계획!

Tip 고춧가루를 넣으면 칼칼하다. 여기에 매실액을 살짝 넣으면 단맛이 나면서 맛이 순해진다.

파래무생채

재료
파래 한 덩이
무 1/8개(파래 분량의 1/4 분량),
고춧가루 1/2큰술,
식초 1작은술,
통깨·매실액 약간씩

만들기
1 무는 껍질을 벗겨 곱게 채 썬다.
2 파래는 티를 골라내고 씻어서 굵은소금을 뿌려 잠깐 두었다가 짜서 물기를 뺀다.
3 ①과 ②를 볼에 담고, 고춧가루, 식초, 통깨, 매실액을 넣고 파래를 털어가며 무친다.

모과차를 컵에 담고 아이스커피 탈 때처럼 뜨거운 물을 조금 부어 차를 우린 다음 얼음을 가득 넣어 상에 낸다.
찬물을 부으면 미지근해지고, 얼음도 금세 녹아 시원한 맛이 덜하다.

모과를 필러로 얇게 저민 모과차는 백설기나 크래커에 잼처럼 곁들여도 좋다.

모과차

재료
모과 3~4개,
황설탕과 백설탕
(모과와 동량,
황설탕:백설탕=1.2:1)

만들기
1 모과는 씻어 마른 수건으로 물기를 닦는다.
2 세로로 4등분해 씨 부분을 도려낸다.
3 모과 조각을 손에 쥐고 필러로 쳐가며 슬라이스한다.
4 슬라이스한 모과를 볼에 담고 황설탕과 백설탕을 1.2:1 비율로 넣고 주걱으로 버무린다.
5 단지나 유리병에 담아 2주 정도 둔다.

정위 스님식 생활 풍류
그림 있는 접시

지대방 마루에 스님이 무심히 올려둔 옹기들이 다정하게 모여 앉아 있다. 크고 작은 옹기에 두꺼비와 보라색 보자기 위로 오리까지 등장한 모습이 한 폭의 그림 같다. 그런데 가만 보니 그 사이에 멋진 옹기 접시가 있지 않은가. 그림이나 장식 문양의 접시를 벽에 걸어 인테리어하는 경우는 봤지만 산과 달이 그려진 옹기 접시는 그 은은한 멋이 장식적인 서양 접시의 화려함에 비할 바가 아니었다.

"달도 있고, 산도 있고, 길도 있고…. 물을 담으면 그림이 더 살아납니다. 이게 항아리 뚜껑이라는 사실이 더 기가 막히지요. 옹기 만들다가 제 흥에 겨워 손가락으로 그린 것입니다."

그제야 기자는 그 그림이 접시가 아닌 뚜껑 안쪽에 그려 넣은 것임을 알았다. 옹기장이들이 흥에 겨워 손가락으로 쓱쓱 그림을 그리는 모습을 떠올리니 손가락 풍경화가 한결 친근하게 느껴지고, 그 여유로운 마음에 또 감탄을 하게 된다. 스님은 항아리를 살펴보다 보면 이런 지두화(指頭畵)가 꽤 있다며, 저번에 보여준 버선 그림도 지두화라고 한다. 저번에 본 것은 항아리에 버선 한 짝이 거꾸로 그려져 있었다. 항아리에 버선본을 거꾸로 붙여놓으면 장맛이 좋다 하는 속설이 있는데 그것은 아예 버선을 그려 넣었으니 그 옹기장이가 여간 재치 넘치는 인물이 아닌가 싶다. 어떤 것은 국화꽃을 떡하니 붙여 가마에 넣어 꽃 자국이 찍힌 경우도 있다고 한다. 기자가 그림에 흥미를 보이니 스님은 자그마한 목기를 하나 꺼내 오신다. 조각도로 툭툭 파낸 삐뚤빼뚤한 라인. 한가운데 '바람'을 가득 담은 하트 모양 복숭아가 큼직하게 들어가 있어

빙그레 웃음이 났다.

스님은 작가의 그림도 보며 즐기지만, '작품임네' 하는 것보다 이렇게 편안하고 부담 없는 '생활화'가 일상에서 누리기에 제격이라고 말씀하신다. 그러고 보니 길상사 찬장에는 유난히 그림 접시가 많다. 삐죽삐죽 게가 그려진 접시, 눈꽃이 몽글몽글 내려앉은 겨울 나무, 스님이 좋아하는 목단 그림은 커다랗게 한 송이를 차게 그린 것과 푸른색으로 오묘하게 퍼진 것 등 종류가 여럿이다. 3, 3, 3을 줄줄이 그려 넣어 기러기인가 했더니 뭉게구름이라 한다. 스님은 그중에 수초와 물고기가 그려진 초록 접시에 얽힌 추억을 하나 털어놓으신다. 인도 뭄바이에서 산 접시로, 여행 중에 '청자가 왜 여기 있어' 하며 얼른 집었다고 한다. 나중에 보니 청자는 아니었다. 하지만 스님은 그 순간의 기쁨을 오래 간직하고 싶어 여행길 내내 이고지고 여기까지 들고 왔다고 한다. 이걸 볼 때마다 당신의 어리석음을 탓한다고. 스님은 이 멋진 접시들을 벽에 기대 세워 그림처럼 즐기기도 하지만 밥상에 올려 사용하는 경우가 많다. 그림 있는 접시는 넉넉하게 여백을 남겨 담거나 개인 접시로 쓰면 좋다는 것이 애호가 스님의 조언이다.

매생이새알심
애피타이저

초록빛 매생이 바탕에 동글동글 하얀 새알심을 올린다. 초록과 하양의 컬러 매치. 손님들이 맛보기 전에 그 '그림'에 반해 칭찬을 했지 싶다.

스님 표고버섯은 따뜻한 물에 불려서 도톰하게 채 썰어요.
나래 물론 버섯 우린 물은 안 버리고 밑국물로 쓰지요?
스님 그렇지요. 이제 새알심 반죽을 합니다.
나래 익반죽해요?
스님 생반죽하면 만들기가 어렵다는데 저는 잘 모르겠어요. 그냥 찬물로 합니다.
나래 찹쌀가루 가운데를 파내서 분화구처럼 만들어 물을 붓네요.
스님 이렇게 하면 물이 골고루 먹어요. 찹쌀가루 새알심은 질게 하면 큰일납니다. 찹쌀이라 끓이면 더 늘어지지요.
나래 물을 조금씩 넣으려고 숟가락으로 떠 넣는 거군요.
스님 찹쌀가루의 수분기에 따라 다르지만 1컵에 물 2~3큰술이면 됩니다.
나래 새알이 생각보다 자그마하네요. 지름 1센티미터 남짓?
스님 팥죽 새알처럼 크지 않아요. 그래도 끓이면 살짝 퍼져요. 작아야 담음새도 좋고, 먹기도 편합니다. 애피타이저로 내는 것이니 작은 것이 어울리지요. 이제 매생이를 씻어요.
나래 매생이는 하도 가늘어서 씻다가 다 흘러 내려갈 것 같아요.
스님 매생이는 신경 써서 씻어도 꼭 흔적이 남습니다. 그래서 시어머니 몰래 못 먹는다 하잖아요. 볼에 풀어서 촘촘한 체에 밭쳐 헹궈내면 쉽습니다. 매생이는 본래 깨끗해서 두세 번 헹구면 충분합니다. 너무 많이 헹구면 오히려 특유의 맛이 빠져버립니다.

나래 1급수에만 산다더라고요.

스님 간혹 김이나 파래가 눈에 띄면 골라내고, 티는 거의 없어요. 헹궈서 체에 밭쳐 물기를 뺍니다. 이제 냄비에 버섯 우린 물과 표고버섯 채 썬 것을 넣고 끓입니다. 끓기 시작하면 새알심을 넣어요.

나래 매생이는 안 넣어요?

스님 매생이는 오래 끓이면 색도 죽고 맛도 덜합니다. 새알심이 익으면 그때 넣어 슬쩍 끓입니다.

나래 새알심 익은 줄은 어찌 알아요?

스님 동동 뜨면 익은 것이지요. 매생이 넣고 소금, 국간장으로 간합니다. 매생이는 바다에서 나는 것이니 소금은 조금만 넣으면 됩니다.

나래 스님, 생각보다 간단한데요.

"보들보들 매생이국은 추운 겨울 아침으로 밥 한 순가락 말아 먹어도 술술 넘어가서 좋아요. 1월에 잠깐 나는 귀한 것이라 이때 많이 사서 냉동실에 얼려둡니다. 꼭 씻어서 얼립니다. 얼린 것을 씻으면 술술 풀어져 못씁니다."

매생이국 하면 으레 굴을 넣고 끓이는 줄 알았는데 버섯 우린 물에 끓인 매생이국은 그 맑은 맛이 매력적이었다. 스님 말씀대로 매생이를 슬쩍 끓이니 초록 빛깔이 곱디고왔다.

재료(4인분)

마른 표고버섯 8~10개,
매생이 한 덩이,
물 4컵,
소금 1/2작은술,
국간장 1/2큰술,
* 새알심: 찹쌀가루 1컵, 물 2~3큰술

Tip 매생이에 소금기가 있으니 국물 간은 약하게 한다. 매생이는 오래 끓이면 맛도 색도 덜하다.

만들기
1   마른 표고버섯은 따뜻한 물에 불려 도톰하게 채 썬다. 버섯 우린 물은 두었다가 밑국물로 쓴다.
2   찹쌀가루는 숟가락으로 물을 떠 넣어가며 질지 않게 반죽한다. 반죽을 떼어 지름 1cm 정도 크기로 동그랗게 새알심을 빚는다.
3   매생이는 볼에 담가 두세 번 씻어 고운 체에 밭쳐 물기를 뺀다.
4   냄비에 버섯 우린 물과 물 4컵을 넣고 끓이다가 국간장과 소금으로 간을 맞춘 후 새알심을 넣는다.
5   새알심이 떠오르면 씻어둔 ①의 버섯과 매생이를 넣고 살짝 끓여 낸다.

뭐든 가여워
되살려 쓸 궁리를 하다

정위 스님은 무엇이든, 어떤 하찮은 것도 늘 아까워하고 가여워하신다. 동네 골목길을 가다 우수수 떨어진 열매 알갱이나 꽃 시장에서 발에 차이는 부러진 꽃가지도 주워 오신다. 무엇에 쓰이나 싶은 마른 열매는 찻잔 받침이나 창턱에 다정하게 놓고, 주워 온 꽃가지도 빈병이나 컵 등 마땅한 짝을 화병 삼아 근사하게 자리를 잡아준다. 빈 잼병은 당연히 양념병으로 쓰고, 와인병처럼 색도 곱고 모양도 미끈한 병은 자체로 장식이니 버릴 리가 없다. 스님은 와인병은 병 컬러와 어울리는 색의 꽃이나 열매를 매치하며 너무나 근사하다고 칭찬한다. 길상사 장롱을 열면 이런저런 천도 많은데, 이 역시 아깝고 가여워 소중히 여기는 스님의 마음 때문일 게다. 십자수 보자기, 자수 놓은 상보, 양복 등 옷가지를 쌌던 옷보, 이불보, 베틀에 짠 무명 두루마리가 고이 모셔져 있다. 수놓인 것이 많아 언뜻 보면 화려한 듯하지만 가만히 살펴보면 닳아서 반질반질하거나 해진 것이 태반이고 구멍 난 것도 더러 있다. 구멍 난 곳에 조각 천을 덧대고 수를 놓아 마치 모양처럼 치장하기도 했다. 이렇게 낡고 오래된 천들은 스님이 삶고 매만지며 간수해서 무척 말끔하다. 스님의 소장품들을 가만히 살펴보면 저마다 기원하는 바나 스토리가 담긴 그림도 있고, 'Sweet Home'이니 하는 영자가 들어간 것 중에는 철자가 거꾸로 쓰여 있어 재미있기도 하다며 설명을 곁들이신다. 스님은 장롱 속 천을 보며 언젠가 꺼내 써야지 생각하다가 몇 해 전 봄에 드디어 일을 벌이셨다. 장롱 속 물건을 너나없이 두루두루 널리 썼으면 하는 바람으로 지대방에서 생활 패브릭 전시회를 연 것. 장 깊숙이 있던 천 조각들은 저마다 쓸모 있는 생활용품으로 바뀌었다.

스님이 지혜를 내고, 솜씨를 보탠 면면이 볼거리였다.

비교적 사이즈가 큰 옷보는 사방으로 둘러가며 천을 덧대 이불보를 만들거나 문양에 따라 아기 이불이며 무릎 담요를 만들었다. 아담한 크기의 자수보는 둘레에 면 레이스를 달아 방석으로, 횃댓보는 위쪽에 고리를 달아 커튼으로, 어떤 자수보는 주름을 잡고 사각 천을 이어서 앞치마로 만드는 등 두루두루 쓸 수 있는 생활 패브릭으로 재탄생시켰다. 어떤 것은 솜씨를 보태기도 했다. 폭이 좁은 천은 물고기를 수놓아 식탁 러너로, 두루마리 무명에는 꽃이며 새를 수놓아 자른 후 식탁보와 수저집을 만들었다. 아기 이불에는 토끼와 부엉이 3형제가, 어른 이불에는 오색 새 무리가 날아갈 듯 리듬감 있게 수놓여 있고, 커튼에는 풀벌레 우는 수풀 아래로 뱅그르르 소금쟁이가 떠 있는 등 아기자기하고 재미있다. 식탁 매트 중에는 수저를 꽂아 접어놓는 기발한 상품도 있다.

스님의 기발한 '살려 쓰기' 예가 또 있다. 어느 날 지대방에 갔더니 스님은 물고기 몇 마리를 들고는 이리저리 살펴보느라 여념이 없으셨다. 나무로 깎은 물고기인 목어(木魚) 전시회 준비 때문이라는데, 들어보니 놀라웠다. 어느 여름 뒷산에 나무가 쓰러져 구청에서 나왔는데 정위 스님은 잘라낸 나무토막이 아까워 앞뒤 생각하지 않고 얻어왔다고 한다. 그리고 얼마 후에는 동네에 공원을 만든다고 나무를 베러 왔기에 멀쩡한 나무는 뿌리째 얻어다가 뒷산에 심고, 동강 난 것은 안아다가 마당 한쪽에 쌓아두었다. 그렇게 묵혀두다가 어느 날 문득 동네에 사는 솜씨 좋은 분이 생각났다. 길상사 일도 곧잘 봐주시는 '맥가이버' 아저씨에게 나무토막을 안겨주고서 물고기나 깎아보라고 했다. 그분이 근 1년을 두고 문방구 조각도와 낫으로 쉬엄쉬엄 물고기를 만든 것에 스님이 동네 미술 학원 선생님을 섭외해 눈도 그리고 옷도 입혀주었다. 이것이 <동네 미술가 명학이 아부지의 맛있는 나무 물고기전(展)>의 메이킹 스토리다. 땔감으로나 쓰일지 말지도 모르는 나무토막을 되살려 만든 알록달록 예쁜 목어는 다산과 풍요의 의미 때문인지 길상사 방문객들이 환호하며 사갔다고 한다. 전시 포스터를 찍고 남은 종이 가장자리로는 명함을 만들고, 동강 난 항아리는 곱게 붙여서 안에 컵을 넣어 꽃꽂이를 한다. 언젠가 미나리를 다듬고서는 뿌리를 버리지 않고 밥공기에 고이 담아두시기에 의아해했더니 "새 순 한 줄기만 올라와도 양념장에 요긴하게 쓰이지요" 하셨던 것도 기억난다.

에코가 트렌드이다 보니 진심을 잃고 보여주기 위한 에코도 판을 치는데 스님의 일상은 몸에 밴 친환경 마인드로 꽉꽉 채워져 있다

채소 듬뿍 먹는
25년 내공의 채소떡국

채소떡국은 길상사에 오기 전부터 수없이 들은 히트 메뉴다. 스님은 고기 국물로 떡국을 할 수 없으니 이것저것 넣다가 오늘날에 이르렀다고 말씀하셨는데 각종 채소를 듬뿍 먹을 수 있는 떡국은 그야말로 가벼운 보양식이다.

스님 미나리는 잎은 떼버려요.
나래 스님이 잎을 버리시는 것 처음 봤어요.
스님 나물로 무칠 때는 괜찮은데 떡국에 넣으면 지저분합니다. 다듬은 줄기를 5센티미터 길이로 잘라서 데쳐 무칩니다.
나래 잘라서 데쳐요?
스님 자르지 않고 데치면 어수선하게 흐트러져서 일이 많습니다. 미나리는 숨 죽게 데쳐서 찬물에 헹궈요.
나래 안 씻고 데치네요.
스님 해보니 씻어 데치면 미나리 맛이 더 빠지는 것 같아요. 대신 데친 후 찬물에 두세 번 깨끗하게 헹굽니다. 시금치는 몽땅한 것을 사세요. 키가 큰 것은 국물에서 빌빌 돌아다녀서 음식이 상스러워요. 뿌리는 잘라내고 미나리 길이와 비슷하게 다듬어요.
나래 영양은 뿌리에 있다는데 아깝네요.
스님 무쳐 먹을 때야 뿌리를 남겨 세로로 잘라 쓰지만 떡국에는 그렇게 하면 나물이 뭉쳐 있어 먹기도, 보기도 안 좋습니다. 시금치도 나물 하듯이 다듬어 씻어 끓는 물에 소금 넣고 슬쩍 데치세요. 유부는 데쳐 씻어 3등분합니다.

너무 잘면 지저분하거든요. 숙주도 씻어 데칩니다. 숙주는 콩나물보다 빨리 익어요. 너무 데치면 아삭한 맛이 없어집니다. 숙주는 씻어 데쳤으니 찬물에 한 번만 헹궈 열기만 빼주세요. 오늘 이 자그마한 피망을 보고 무척 반가웠습니다. 피망도 한 손에 들어오는 아담한 사이즈로 고르세요.

나래 왜요?

스님 크면 두툼해서 뻣뻣하고 다른 재료들과 사이즈 맞추기도 애매합니다. 채소떡국의 모든 재료는 떡국떡크기가 기준입니다. 당근은 5센티미터 길이로 잘라 곱게 채 썹니다. 맛타리버섯도 소금 넣고 데쳐 찬물에 헹궈요.

나래 느타리버섯을 써도 돼요?

스님 상관없습니다만 저는 느타리가 약간 비릿한 맛이 나는 것 같아 맛타리를 씁니다. 또 맛타리가 잘아서 손질하기도 수월합니다. 느타리는 두세 번 찢어야 하지만 맛타리는 한 번만 찢어도 됩니다. 새송이버섯은 떡국떡 크기만 하게 5센티미터 길이로 납작하게 썰고, 팽이버섯은 밑동을 잘라 씻습니다. 마른 표고버섯은 물에 불려 채 썰어요.

나래 버섯 불린 물은 버리지 말고 떡국 국물로 넣는 거지요?

스님 이제 하산해도 되겠어요.(웃음) 팬에 식용유를 한 방울만 넣고 표고, 맛

타리를 진간장으로 간해 볶아요. 어느 정도 볶아지면 유부, 새송이버섯을 넣습니다.

나래 볶던 버섯을 꺼내지 않고요?

스님 양념이 같아 굳이 꺼내지 않아도 됩니다. 간은 약하게 하고, 흰 후추를 넉넉히 넣으세요.

나래 흰 후추를 써야 해요?

스님 그래야 떡국 국물이 깨끗합니다. 마지막에 팽이버섯을 넣어 살짝 볶다가 참기름 몇 방울만 넣어요.

나래 저는 참기름 고소한 맛이 좋은데….

스님 많이 넣으면 국물에 기름이 둥둥 뜨니 아주 조금만 쓰는 겁니다.

나래 그런데 팽이버섯은 왜 마지막에 넣어요?

스님 미리 넣어 오래 볶으면 질겨지고 물이 생깁니다. 볶아둔 재료들은 찬 데 두어 식히세요. 두부는 전 부치듯이 노릇하게 구워 식혀 단면이 사선이 되도록 어슷하게 썹니다.

나래 식감이 부드러우라고 그렇게 썰지요?

스님 맞습니다. 피망과 당근도 식용유 한 방울 넣고 소금으로 간해 볶습니다.

나래 진간장은 안 넣고요?

스님 고운 색이 칙칙해집니다. 약한 불에 숨이 죽도록 오래 볶는 것이 아니라 센 불에 재빨리 볶는 것도 같은 이유입니다. 참기름과 후춧가루는 넣고요. 당근이 꽃처럼 색이 곱네요. 데쳐 건져놓은 숙주에는 소금을 슬쩍 뿌려 뒤적거려 놓으세요.

나래 소금에 절여요?

스님 삼투압 작용으로 숙주의 물기가 빠집니다. 그동안 미나리와 시금치를 무치세요. 미나리와 시금치는 소금과 국간장으로 간을 맞추고 참기름과 통깨를 넣습니다.

나래 깨소금은 지저분해서 통깨를 넣는 것이지요?

스님 맞아요. 숙주는 꼭 짜서 후춧가루, 참기름, 통깨를 넣고 무치세요.

나래 간은 안 해요?

스님 아까 뿌려둔 소금으로 간이 되었습니다. 후춧가루를 넣으면 숙주 특유의 비린 맛이 좀 가시지요. 자, 이제 모든 재료를 커다란 양재기에 담고 잣을 듬뿍, 실고추도 가위로 잘라 넣고 비비세요.

나래 버섯, 나물을 모두 넣고 비벼요?
스님 네, 털어가며 슬슬 비빕니다. 너무 치대면 체온 때문에 맛이 덜해집니다.
나래 떡국 고명이면 따로따로 올리는 게 깔끔하지 않아요?
스님 설에 사람도 많은데 어떻게 열두 가지를 하나씩 올리는 수고를 하겠습니까.
나래 말하자면 간편 서빙을 하기 위한 아이디어네요.
스님 이렇게 비벼 올리면 더 푸짐해 보이기도 하고요. 이제 밑국물을 만듭시다. 앞서 표고버섯 우린 국물을 붓고 다시마, 툭툭 자른 무 3~4쪽, 통후추 몇 알 넣고 2시간 정도 끓입니다. 국물 재료는 건져내고 국간장, 소금으로 간해요. 이때 간은 주로 소금으로 합니다.
나래 왜요?
스님 버섯, 다시마 우린 물이 워낙 누래서 간장을 많이 넣으면 국물이 시커메집니다. 미리 무쳐둔 나물 간이 좀 짜다 싶으면 국물 간을 싱겁게 조절하세요. 자, 이제 국물에 떡국떡을 넣고 끓여 상에 내면 됩니다. 부쳐둔 두부는 국물에 넣고, 채소는 고명으로 올리고, 조미김도 부숴 올립니다.

다른 절에서는 떡국을 어찌 끓이는지 물으니 도무지 맛이 없어서 기억이 안 난다며 웃으셨다. 앞에서 말한 대로 보통 고기 국물로 떡국을 끓이는데 절에서는 마땅히 넣을 것이 없어 이것저것 재료를 달리해가며 그야말로 공양간 실험을 거듭했다고 한다. 양배추를 넣으면 들척지근하면서 지저분하고, 버섯도 종류에 따라 맛이 조금씩 달라진다. 1996년 동지 즈음 절에서 결혼식이 있었는데 스님은 피로연 음식으로 이 떡국을 내놨다고 한다. 그날 솥이 바닥이 날 정도로 인기를 끈 것을 계기로 이제는 설이면 으레 떡국 먹으러 오는 단골 신도들이 있을 정도다.

길상사에서는 4명이 기준이면 일부러 8인분의 떡국 고명을 준비한다. 남는 재료로 비빔국수, 비빔밥도 해 먹고 스프링롤, 샌드위치에 넣어도 맛있기 때문에 넉넉히 만들어두는 것. 미나리는 향긋함을 즐기라고 넉넉히, 유부는 쫀득한 맛이 나서, 버섯을 4가지나 넣는 것도 다양한 식감을 위해서다. 재료 고르기부터 재료마다 간을 하는 양념도 달리하며 컬러와 식감을 신경 쓴 맛. 잡채에 넣는 재료보다 더 많은 재료를 손질하고 볶아 도무지 차려볼 엄두는 나지 않았지만 정말 채소를 많이 먹을 수 있는 건강 떡국, 25년 역사를 지닌 레시피의 내공은 남달랐다.

재료

떡국떡 400g,
맛타리 1봉지,
새송이버섯 4개, 팽이버섯 1봉지,
마른 표고버섯 7개,
유부 10개, 숙주 300g,
당근 1/2개, 피망 1개,
시금치 1/2단, 미나리 1단,
두부 1/2모, 조미김 1장,
잣 한 줌, 실고추 약간,
진간장·국간장 1큰술씩,
통깨·흰 후춧가루·참기름·식용유·소금 적당량
*국물 재료: 무 1/2개, 다시마(10×10cm) 3장,
통후추 10개, 물 5컵

만들기

1 미나리는 줄기만 5cm 길이로 잘라 데치고, 시금치는 다듬어 씻어 끓는 물에 데쳐 물기를 짠다. 숙주는 씻어 데쳐 찬물에 헹궈 소금을 살짝 뿌려놓는다.
2 유부는 끓는 물에 데쳐 3등분한다. 맛타리버섯은 끓는 물에 데쳐서 찬물에 헹군 다음 물기를 짜서 손으로 찢는다. 표고버섯은 물에 불려 채 썬다. 버섯 우린 물은 버리지 않는다.
3 냄비에 ②의 버섯 우린 물, 다시마, 무, 통후추를 넣고 2시간 정도 끓이다가 건더기를 건져내고 소금으로 간한 다음 국간장을 몇 방울 떨어뜨린다.
4 당근은 껍질을 벗기고 5cm 길이로 곱게 채 썰고, 피망도 채 썬다. 새송이버섯은 젖은 종이타월로 먼지를 닦고 떡국떡 크기만 하게 납작하게 썬다. 팽이버섯은 밑동을 자르고 씻는다.
5 팬에 식용유를 살짝 두르고 ②의 표고버섯, 맛타리버섯을 넣고 진간장으로 간해 볶는다. 여기에 유부와 새송이버섯을 넣고, 마지막에 팽이버섯을 넣어 살짝 볶다가 참기름을 몇 방울 떨어뜨린다.
6 팬에 식용유를 살짝 두르고 ④의 당근과 피망을 볶다가 소금으로 간한다.
7 ①의 미나리, 시금치는 국간장으로 간하고 참기름과 통깨를 살짝 넣는다. 소금을 뿌려둔 숙주는 후춧가루만 뿌려 버무린다.
8 커다란 볼에 ⑤, ⑥, ⑦의 양념한 재료를 모두 담고 잣과 실고추를 넣어 버무린다.
9 두부는 잘라 소금을 뿌려 두었다가 종이타월로 물기를 닦고, 팬에 식용유를 두르고 노릇하게 부친다.
10 ③이 끓으면 떡국떡을 넣고 끓인다.
11 그릇에 ⑩의 떡국을 담고 ⑨의 두부를 넣은 후 ⑧의 채소 고명을 얹고 조미김도 부숴 올려 낸다.

등줄기에서 땀이 쭉 흐르는
차이라테

찬 바람 불기 시작하면 몸에서 감도는 따뜻한 스님의 차가 있다. 바로 차이라테. 어느 카페에서 먹어본 것도 견줄 수 없는 진하고 뜨끈한 스님의 차이라테는 한잔 마시면 몸이 따끈해지면서 반짝 기운이 나 혀에서 맛을 기억하듯, 몸이 온기를 기억할 정도다. 그래서 가을 무렵부터 길상사 가는 길이면 스님께 '우유 사 갈지'를 묻는다. 우유가 없어 차이라테를 못 먹으면 무척 아쉬우니까.

나래 생강 가루, 홍차, 우유, 설탕, 그런데 카르다몸은 뭐예요?
스님 인도 사람들은 후추를 스파이스의 왕이라고 하고 카르다몸은 여왕이라고 한다지요. 생강 비슷한 풍미가 있으면서 단맛이 납니다.
나래 어디서 팔아요?
스님 우리는 인도에서 가져왔는데, 방산시장에서 판대요. 카르다몸은 손톱으로 살짝 눌러 흠을 내어 넣어요.
나래 왜요?
스님 그래야 잘 우러납니다. 냄비에 물을 붓고 카르다몸, 생강, 설탕을 모두 넣고 불에 올려요. 물이 끓어오르면 불을 낮추고 우유를 넣습니다.
나래 왜 불을 낮춰요?
스님 온도가 너무 높으면 우유가 엉겨버리지요. 우유가 따끈해졌다 싶으면 홍차잎과 생강 가루를 넣습니다.
나래 티백 홍차로 해도 돼요?
스님 티백은 2개 정도 우리면 됩니다. 저는 스리랑카 홍차를 씁니다.

나래 맛이 달라요?

스님 텁텁하지 않고 맑은 편이라 차이라테를 했을 때 단맛도 제대로 나고 뒷맛이 깔끔합니다. 홍차를 넣고도 너무 끓이면 안 됩니다.

나래 왜요?

스님 떫은맛이 납니다. 부글부글 끓어오르면 냄비를 불에서 잠깐 내렸다가 다시 올리세요. 색이 갈색으로 되면 컵에 거름망을 대고 따릅니다. 아, 그 전에 잔을 찜통에 끓여 데워두세요. 중요합니다.

나래 커피나 녹차 낼 때처럼요?

스님 네, 차이는 몸이 뜨끈해질 정도로 뜨겁게 마셔야 제맛이에요. 저는 뜨거운 물을 따랐다가 버리는 정도가 아니라 잔을 찜통에 넣고 찝니다.

나래 여름에는 못 마시겠네요.

스님 여름에도 땀이 삐질삐질 나도록 뜨겁게 마시지요. 저는 차이를 낼 때는 한 끼 식사가 되도록 밤, 호두, 대추 등이 들어간 영양 찰떡이나 곡물 바게트를 곁들입니다. 떡은 프라이팬에 노릇하게 구워 냅니다.

나래 겉은 바삭하고 안은 따끈하면서 부드럽게 늘어나요.

스님 지대방에서는 단팥죽에 넣는 찰떡도 이렇게 굽습니다. 손님들이 좋아하더이다.

나래 질퍽한 팥죽에 바삭한 떡, 식감의 믹스 매치네요.

스님 풀도 좀 곁들이면 좋을 것 같습니다. 뒷산에서 시금치 몇 잎 뜯어다가 진간장, 효소 넣고 쓱쓱 섞으면 됩니다.

나래 오리엔탈 샐러드네요. 시금치를 데치지 않고 생으로 먹기도 하나 봐요.

진한 차이라테 맛의 비법은 우유량과 불 조절이었다. 보통 레시피는 우유와 물을 1:1로 넣는데 스님은 물보다 우유를 20cc 더 넣는다. 우유를 넣으면서 불을 낮추고, 홍차를 넣으면서 불에서 냄비를 잠시 내려 떫지 않으면서 진하고 부드러운 맛을 내는 것. 집에 가서 급한 마음에 카르다몸 없이 차이라테를 만들어봤는데 과연 고수를 사사한 덕인지 선무당의 차이라테가 별다방보다 한 수 위다.

재료(1잔)

카르다몸(향신료) 2알,
홍차잎 2큰술
(티백일 경우 2개),
설탕 2큰술,
생강 가루 1작은술
(또는 저민 생강 2~3쪽),
우유 110cc, 물 90cc

Tip 차이라테는 뜨겁고 달아야 맛있으니 설탕량은 취향대로 조절한다.

만들기
1 냄비에 물을 붓고 홍차잎, 카르다몸, 생강 가루, 설탕을 넣고 끓인다. 물이 끓어오르면 불을 약하게 줄이고 우유를 넣는다.
2 우유가 따끈하게 데워지면 홍차잎을 넣는다. 우유가 부글부글 끓으면 냄비를 불에서 잠시 내렸다가 다시 올리기를 반복한다.
3 컵에 뜨거운 물을 부어 따뜻하게 데워둔다. ②가 갈색이 되면 컵에 거름망을 대고 거른다.

마음이 반하는 선물

겨울의 칙칙함을 걱정하듯 길상사 항아리 꽃병에는 홍매화보다도 붉은 꽃이 흐드러졌다. 발그레한 빛도 봉긋한 꽃망울도 참으로 생기 있다. 만발한 꽃의 이름은 산당화. 스님은 이 꽃이 오늘 아침에 꽃 시장에서 받은 선물이라는 말을 덧붙인다. 꽃 선물이라고 하면 꽃다발이나 꽃바구니 아니면 화분인데 도매시장의 꽃 더미를 한아름 안겨주다니, 어떤 분인지 참신하다. 기자가 감탄하니 당신의 선물 스토리를 풀어놓는다.

스님에게 잊어버리지 않고 한 지게씩 꽃을 선물하는 분이 있었다고 한다. 더러 스님이 사 오기도 하지만 길상사 곳곳의 꽃은 그분의 선물이었다. 그런데 그이가 멀리 여수로 이사를 가게 되었다. 얼마 지나니 또 어떤 부인이 꽃을 선물하였다. 산당화도 꽃 선물의 바통을 이어받은 그분이 주신 것이다. 둘의 차이가 있다면 앞의 분은 알아서 골라 문 앞에서 건네고, 뒤의 분은 꽃 시장에서 만나 스님이 직접 고르도록 한다는 것이다. 스님은 꽃 선물을 두고, 당신은 그저 꽃기만 한다 생각한다며 사람들이 보고 좋아하니 그분들이 많은 사람에게 선물하는 것이라고 말씀하신다.

스님의 선물 이야기는 선물에 관한 고정관념을 깨는 것이 많다. 아랫목에서 꾸덕꾸덕 말려 보낸 곶감, 손바느질로 만든 반짇고리와 윷판 등 보기만 해도 정성스러운 손길이 느껴지는 것을 물론 손때가 묻어 반질반질한 끈 보자기, 오랫동안 아껴 쓰던 퀼트 담요, 그림 그리고 시를 새긴 수건, 물려받은 찻잔 등 간직하고 있던 보물을 나누기도 한다.

곶감은 몇 달 전부터 기자가 길상사에 갔을 때 한 개 두 개 얻어먹던 군것질거리였다. 그때도 자그마한 대나무 도시락에 종이를 깔고 가지런히 담은 폼이 정성스럽다 생각했는데, 직접 아랫목에서 말린 것이라니 곶감 하나가 달콤한 보석이라 할 만하다. 반짇고리와 윷판은 손으로 만든 것도 감동인데 반짇고리에는 색실·가위·자·골무·실뜯개 등 각종 바느질 용구를, 윷판에는 윷과 말까지 구색을 갖춰 세심하게 챙긴 마음이 구경하는 기자에게도 전달된다. 그런데 이런 특별한 선물을 받는 주인공도 참 유난하다. 스님은 어느 분이 준 오래된 책은 이제 그 아들에게 돌려줄 생각이라고 한다. 아마 그 집에 두었으면 이사 다니고 하다가 벌써 없어졌을 거라며 10년 넘게 당신이 보관해준 셈이라며 뿌듯해하신다. 시 새긴 수건을 받고는 옆으로 조각 천을 이어 방석을 만들고, 먹을거리 선물을 받으면 이웃이나 방문객들과 기쁘게 나눠 먹는다. 틈틈이 수놓은 받침이며 수건도 완성되자마자 나눠주느라 스님 수중에는 늘 하얀 천과 색실만 남아 있다. 또 스님은 선물할 때 쓰려고 장롱 속에 손수건만 한 면 보자기며 끈 보자기를 차곡차곡 챙겨두신다. 조촐한 물건도 고이 싸서 보내려는 게다. 오래전부터 알고 있었듯 역시 선물의 기본이자 핵심은 정성이다.

에필로그

정위 스님의 대접하는 마음

어느 가을 스님과 수원에 있는 절에 나들이 갈 일이 생겼다. 취재차 가던 길이었는데 기자가 절 문화에 문외한이라 스님께 동행을 부탁했다. 그날 스님은 꽃무늬 수건으로 고이 싼 대나무 도시락을 들고 오셨는데 알고 보니 그 절에 스승이 계셨던 터라 손수 간식거리를 챙겨 오신 게다. 도시락 속이 궁금해 스님에게 부탁해 열어보았더니 직접 껍질을 깐 잣과 곶감을 말아 썬 꽃 모양의 곶감말이, 샛노란 송화 다식이 얌전히 담겨 있었다. 상대의 구미를 딱 못 맞추느니 상품권이 가장 실용적이고 만족도 높다는 것은 수차례 기념일 선물 기사를 쓰면서 기자가 내린 결론이다. 어릴 때부터 배운 대로 선물은 정성이 중요하다는 말에 아직도 동의하지만, 어느새 선물은 체면을 차리고 액수로 성의를 표현하는 데 익숙해졌다. 그날, 소박하지만 정성이 가득한 스님의 간식 도시락을 보면서 선물에 관한 이런저런 생각에 잠겼다.

선물뿐 아니라 스님은 생명 없는 물건도 참 정성스레 대접하신다. 어느 날 길상사에 갔더니 스님이 삭발기의 날이 도르르 굴러서 하수구로 들어가버렸다며 무척 애통해하셨다. 새것인가 싶어 물으니 20년 된 것이라 상점에 가도 부속이 없을 것이라며 안타까워하셨다. 20년 쓴 것이 하도 신기하여 주변 물건을 무작위로 짚어가며 햇수를 물으니 주서와 안경은 15년, 냄비는 25년, 가방은 8년, 신발은 10년 이런 식이다. 그때가 벌써 몇 년 전이니 연식이 더 쌓였겠다. 신기하게도 그렇게 오래 쓴 물건들이 모두 멀끔하다. 기자가 놀라자 그 자리에 함께 있던 신도 한 분이 스님은 점잖고 얌전한 양반이라 물건도 탈을 안 낸다며, 스님이 물건을 너무 오래 쓰는 바람에 장삼이사가 굶어 죽게 생겼다는 우스갯말을 던진다. 기자가 거듭 오래 쓰는 비결을 묻자 당신은 생명이 있건 없건 당신에게 온 것에 인격을 부여하는 편이라고 하셨다. 그간 스님이 이 빠진 꽃병도 그 홈을 살려 나뭇가지를 꽂고, 깨진 항아리는 고이 붙여 안에 유리컵을 넣어 화기로 사용하고, 낡은 십자수 옷보는 잘라서 액자를 만드는 등 정성을 들인 것도 그런 마음에서 비롯된 것이다.

길상사에 드나들면서 자연스레 밥상에 대한 의식도 되살아났다. 어린 시절, 기자는 농부의 아들로 자란 아버지 덕에 밥상머리에서 쌀 한 톨을 못 남겼다. 밥을 흘리는 게 당연한 대여섯 살 때도 밥상에 떨어진 밥풀을 주워 먹느라 분주했던 기억이 아직도 생생하다. 그렇게 자랐지만 머리가 굵어지면서 밥 남기는 것은 보통 일이 되었고, 마치 싹싹 긁어 먹으면 품위 없어 보일까 봐 밥은 반 그릇, 스파게티도 몇 젓가락, 고기도 몇 점은 남기는 게 예사였다. 내 아이에게 물려줄 자연환경에 대한 관심과 의식이 있는 척했지만 돌이켜보면 정작 기본적인 실천은 없었다. 집에서는 반찬으로 올린 배추김치가 몇 잎 남으면 다시 먹기엔 맛이 없어 십중팔구 버렸는데 스님은 이렇게 저렇게 조금씩 남은 김치를 모아두었다가 볶아 먹거나 찌개를 끓인다. 마른 표고버섯으로 국이나 찌개를 끓일 때도 보통 기둥을 떼어 버리는데 스님은 기둥만 모았다가 장아찌를 만드신다. 살림의 지혜이자 음식을 대접하는 마음이라고 해야겠다.

스님은 옛날 어머니들이 그랬듯 언제 들러도 식사 안부를 묻고는 아무것도 없다며 누룽지에 장아찌나 밥에 김치와 김만 올린 소박한 밥상을 차려주신다. 그리고 여름에도 겨울에도 김이 폴폴 나는 따뜻한 물을 내주신다. 여름에는 보리차를, 겨울에는 직접 볶은 둥굴레차를 내시는데 미리 끓여둔 차를 식사가 끝날 무렵 작은 주전자에 옮겨 담아 폭폭 끓인다. 따뜻하게 끓여내는 물 때문인지, 스님네 장아찌와 김치가 여느 집에 비해 맛있어서인지(특별히 맛있지만!) 호호 불며 식사를 마치면 대접받는 기분이다. 언젠가 스님이 요즘에는 사람들이 집에 초대해 차 한잔 마시는 것을 굉장히 부담스러워하는 모양이라며, 되는 만큼 한 끼 대접하면 그만인데 텔레비전이나 영화에 나오는 수준으로 차릴 생각을 하니 그런 것이 아니냐고 의견을 물어보신 적이 있다. 기자는 스님처럼 기본 솜씨가 없어서 그런 거라며 얼버무리면서도 고개를 끄덕였다. 아마도 요즘 사람들이 물을 끓여내는 정성이 없어서이리라. 28개월간 길상사 공양간에 드나들면서 꼭 따라 해보고 싶은 것도 이 따끈한 물 대접이다. 김이 폴폴 나는 물 한잔에 담긴 스님의 대접하는 마음을 익히고, 기억하고 싶어서다.

Index

감자보리밥　69
감자핫케이크　149
강된장　69
김장아찌　88
김치크림스파게티　141
들깨죽　122
땅콩죽　125
매생이새알심애피타이저　187
매화꽃비빔밥　29
머윗대조림　95
모과차　179
모자반무침　173
묵전　159
묵채　158
새송이버섯장아찌　85

쌈밥　135
아삭이고추조림　145
열무냉면　101
영양카레　59
오이냉면　100
우엉조림　95
주먹밥　41
차이라테　203
채소떡국　199
초생강　89
커피국수　49
커피빙설　79
콩나물조림　95
파래무생채　177
표고국수　48

나래가 묻고 스님이 답한
스물여덟 달의 살림 선문답

정위 스님의 가벼운 밥상

초판 1쇄 발행 2019년 11월 5일
초판 2쇄 발행 2025년 3월 31일

지은이 정위, 이나래

펴낸곳 브.레드
기획 차윤경
책임 편집 이나래
교정·교열 오미경
사진 김성용
디자인 아트퍼블리케이션 디자인 고흐
마케팅 이지원
인쇄 (주)상지사 P&B

출판 신고 2017년 6월 8일 제2023-000083호
주소 서울시 중구 퇴계로 41길 39 703
전화 02-6242-9516 | **팩스** 02-6280-9517 | **이메일** breadbook.info@gmail.com

ⓒ 정위·이나래, 2019
이 책 내용의 전부 또는 일부를 재사용하려면 출판사와 저자 양측의 동의를 얻어야 합니다.
ISBN 979-11-964041-6-1 13590

※ 이 책은 2010년 출간한 <정위 스님의 가벼운 밥상>을 덜고 더해 만들었습니다.